자기주도성을
바라시나요?

민들레 vol. 153

발행인 겸 편집인 현병호 **편집장** 장희숙 **편집위원** 김경옥 이설기 **펴낸곳** 도서출판 민들레
주소 서울 성북구 동소문로 47-15 **전화** 02-322-1603 **이메일** mindle1603@gmail.com
등록일 1998년 11월 30일 **발행일** 2024년 9월 1일 **정기간행물 등록번호** 바00035
본지는 한국간행물윤리위원회의 윤리강령과 실천요강을 준수합니다.

주도하는 삶, 묻어가는 삶

"몰라요, 못해요. (하고 싶은 거) 없어요." 요즘 아이들의
특징 중 하나를 꼽으라면 무기력이 아닐까 싶습니다.
아이들끼리 "집 나가면 개고생"이라거나 "아무것도 안 하고
있지만 더 격렬하게 아무것도 안 하고 싶다"는 말도 하지요.
두어 살 때만 해도 혼자 하겠다며 도움 주려는 부모의 손을
당차게 뿌리치던 아기들이, 주로 안 하는 쪽을 택하는 아이로
자란 건 왜 그럴까요.

심리학자 마틴 셀리그만은 '학습된 무기력'에 대해
이야기합니다. 부정적 결과나 고통스러운 자극을 회피하려고
일련의 행동을 취했는데도 상황 통제에 거듭 실패하면,
상황을 통제하려는 노력조차 안 하게 된다는 겁니다.
어려서부터 과업에 치인 아이들이 본인의 욕구를 반복적으로
꺾는 경험을 쌓아온 것은 아닌지 돌아보게 됩니다.

아이러니하게도 그런 아이들을 앞에 두고 교육은 더더욱
'주도성'을 강조하고 있습니다. '주도성'은 새로 개정한
교육과정에서도, OECD에서 제시하는 미래 역량에도 빠지지
않는 단어입니다. 예측 불가능한 미래사회에 꼭 필요한
능력이라고 강조하는데 정작 아이들이 주도적인 삶을 제대로
배우고 경험할 기회는 여전히 빈궁한 처지입니다.

이번 호에서는 '자기주도성'에 대해 자세히 들여다봅니다. 학교현장을 떠도는 주도성의 의미와 현실, 아이들의 동기를 만들고 주도성을 독려하는 사례를 담았습니다. 주도적인 아이로 기르기 위해 그보다 더 주도적인 엄마가 되어야 하는 현실은 '삶의 주인은 누구인가' 하는 질문을 던지게 합니다.

서이초 박인혜 선생님의 1주기가 지난 시점에, 신뢰를 회복하는 학교에 관한 이야기도 여러 편 담았습니다. 정서행동위기 학생들을 일찍 발견해 잘 보살피는 것이 교권 회복의 길이라는 선생님들의 이야기, 교육 시민으로서 학부모의 역할을 고민하는 글도 함께 읽어보시면 좋겠습니다.

'주도성'을 강조하는 건 중심 없이 휩쓸려가는 삶을 경계하란 뜻이겠지만, 매사에 주도적이기란 쉽지 않습니다. 주도성의 속성이 타인 그리고 환경과의 상호작용이라면 좀 휩쓸려가는 인생도 괜찮지 않을까요. 좋은 사람들에 휩쓸리다 보면, 그 흐름을 타고서 바다에 다다를 수도 있으니까요. 때론 주도하고 때론 묻어가면서 조금 힘 빼고 살아도 좋지 않을까 싶습니다.

맹렬한 폭염 끝에 찾아온 가을, 더욱 반갑게 맞이하시길 바랍니다.

2024 가을, 장희숙

'친구 따라 강남 가는'
아이들

장회숙 《민들레》 편집장

'주도성'을 강조하는 학교

"자기주도성을 대체할 교육은 없다. 학교에서부터 자기주도적이고 자율적인 교육이 되어야 한다." 지난 5월, 한 연수 자리에서 임태희 경기도교육감이 꺼낸 말이다. "과거처럼 도교육청이 목표 정해서 사업을 추진하는 과정으로는 창의적으로 발전하기 어렵다"며 이같이 말했는데, 아마 현장에 있던 교사들에게 이 발언은 '불가능한 주문'처럼 들렸을 것이다. 자율성을 발휘할 수 없는 물리적, 인적 기반을 그대로 둔 채 말로만 갑자기 "창의적으로 변해라" 한다고 그리 되진 않을 것이 뻔하기에. 어쩌면 "알아서 더 많은 것들을 새롭게 기획해내고 성과를 내라"는 말처럼 들리기도 했을 것이다.

학교에는 지금 '주도성'이 유행하고 있다. 유행이란 표현이 좀 유감스럽지만, 그렇게 표현할 수밖에 없는 이유는 실체 없이 떠돌고 있다는 느낌을 지울 수 없기 때문이다. 2022 개정 교육과정에서 첫 번째로 손꼽는 인간상은 '자기주도적인 사람'이다.● '자기주도'에 대해 교육부는 '전인적인 성장을 바탕으로 자아정체성을 확립하고 자신의 진로와 삶을 개척하는 능력'이

● 2022 개정 교육과정에서 제시하는 네 가지 인간상은 자기주도적인 사람. 창의적인 사람. 교양 있는 사람. 더불어 사는 사람이다. 2015 개정 교육과정에서는 '자주적인 사람'이란 표현을 썼다.

라 규정한다. 각 학교의 운영에서 자율성을 발휘할 수 있도록 '학교 주도성'을 강조한 것도 2022 개정 교육과정의 특징이다. 학생 주도성을 이끌어내는 데 떼려야 뗄 수 없는 관계라며 '교사 주도성'이란 용어도 등장했다.

「OECD 학습나침반 2030」 보고서에서도 미래사회에 필요한 변혁적 역량으로 '학생 주도성Student Agency'을 강조한다. 이 보고서는 학생 주도성을 '자신의 삶과 주변 세계에 긍정적으로 영향을 미치는 능력, 의지, 신념'이라 정의한다. 이미 널리 퍼진 이 용어는 번역 문제가 제기되기도 한다. 원문의 '에이전시 Agency'를 '행위주체성' 또는 '주도성'으로 옮기면서 용어의 본래 의미가 제대로 살아나지 못했다는 것이다.●(2022 개정 교육과정 초기에는 '학생 행위주체성'으로 쓰다가 이후 '학생 주도성'으로 바뀌었다.)

한국에서 에이전시는 '권한과 책임을 위임한 사람을 대신하는 법적 대리인'이란 뜻으로 익숙하지만 서구에서는 오래전부터 존재론적 개념으로도 쓰인다. '자유의지를 가진 인간으로서 자신의 판단에 따른 선택과 그에 대한 책임을 지는 존재'를 함의하며, 개개인의 자질이라기보다 행위자와 환경의 상호작용 속에서 그때그때 발현되는 것으로 본다. 그것을 '주도성'이라고

● 최진·이진호, 「에이전시(Agency)와 학생 주도성(Student Agency) 사이: 학생 주도성 담론의 존재론적 전회에 관하여」, 한국교육학회, 2023.

번역하면 학생 개개인의 선택과 책임으로 국한되고 만다. 거기에다 학생, 학습자 같은 말이 붙는 순간 '자기주도학습'이 연상되며 의미의 폭이 더욱 좁아진다.

변화를 꾀하고는 있지만 여전히 공교육에서 학생들이 발휘할 수 있는 주도성은 지극히 제약적이다. 허락된 범위 내에서 발휘되어야 하는 능력이다. 고교학점제 같은 선택지도 결국 입시에서 벗어나지 못하고, 프로젝트 수업을 포함한 각종 창의적 활동도 정해진 교육과정 안에서 이루어진다. 지금 교육에서 유행하고 있는 '주도성'이 무엇을 의미하며, 우리 스스로는 이 용어를 무어라 이해하고 있는지 더 자세히 들여다볼 필요가 있는 까닭이다.

어른들이 좋아하는 주도성은 따로 있다

교사나 부모가 아이들에게 거는 기대도 어쩌면 임 교육감의 주문과 비슷한 느낌일 것이다. 통제권을 벗어나질 않는 선에서 주도적인 아이가 되길 바란다. 해야 하는 일을 시키지 않아도 알아서 하는 아이, 조금 더 노골적으로 말하자면 어른들이 원하는 삶을 더 성실히 살아줄, 말 잘 듣는 아이를 바라는 건지도 모른다.

하지만 '말 잘 듣는, 주도적인 아이' 같은 표현은 성립하기 어렴다. 본디 주도성은 창의성과 같이 가는 속성이 있기 때문이다. 정의는 다양하지만 『주도성』이란 책에서는 '어떤 일에 주체가 되어 이끌거나 부추기는 행위'로 규정한다.● 중심에 있는가, 변화를 가져오는가, 두 가지 기준으로 주도성을 판단할 수 있다는 것이다. 변화를 꾀한다는 측면에서 진정한 주도성은 창의적일 수밖에 없다. 창의적이라는 건 기존 질서에서 이탈하는 일이다. 다른 방식으로 생각하고, 다른 방식으로 움직이기 때문이다. 주어진 일을 알아서 고분고분 하는 것은 주도성이라기보다 순종에 가깝다.

공부, 숙제, 독서, 아침에 일찍 일어나기, 방 정리 등등 어른들이 바라는 주도적인 영역은 아주 구체적이다. 하지만 안타깝게도 아이들이 주로 주도성을 보이는 일은 그 범주에서 벗어난 경우가 많다. 시키지 않아도 알아서 잘 하고, 심지어 말려도 하는 것. (유아, 아동, 청소년을 불문하고) 게임이나 스마트폰이 대표적이다. 아이 스스로 즐겨 하는 그림 그리기 같은 취미 생활도 어른들 입장에서 아주 반대하는 건 아니지만, 썩 탐탁한 주도성은 아니다. 서로가 원하는 주도성의 영역이 다르다는 사실이 둘 사이의 불화를 피하기 어렵게 만든다.

자발성을 강조하는 대안학교에서 말하는 주도성 또한 그리

● 김덕년 외, 『주도성』, 교육과실천, 2023.

다르지 않은 듯하다. 학습은 아니더라도, 어른들이 생각하기에 바람직한 일들을 주도적으로 하길 바란다는 점에서는 큰 차이가 없다. 대안학교 교사 시절, 환경 문제에 관심이 생겨서 식당 입구에 "음식을 남기지 않습니다!" 같은 문구를 써붙여가며 '빈그릇운동'을 하던 아이의 주도성은 백번 칭찬해도 부족했다. 친구들이 탄산음료에 길들여진 게 안타깝다며 동아리를 만들어 산야초로 직접 효소를 담가 먹겠다는 아이의 말에 교사들은 쌍수를 들었다. 학교에서 동아리 운영비를 지원해주고 교사들이 같이 효소 담글 항아리를 고르러 다니기도 했다.

하지만 어른들 바람과 달리, 많은 아이들의 주도성과 창의성은 금지된 것을 욕망할 때 극대화되었다. 유독 새벽을 기다리던 아이들이 있었다. 사감 선생님도 잠든 시간, 그들은 기숙사를 몰래 빠져나와 학교 컴퓨터실에서 게임을 했다. 한여름에도 긴팔 점퍼를 갖고 다니는 아이들이 있어 이상하다 생각했는데, 이내 그 용도가 밝혀졌다. 새벽에 컴컴한 컴퓨터실에서 게임을 하다 저만치서 사감 선생님 발소리가 들리면 재빨리 점퍼로 모니터를 가리는 동시에 자신들의 머리에도 뒤집어써야 했다. 모니터 끄고 책상 밑으로 숨고 할 새가 없었다.

게임을 향한 열망은 아이들의 주도성에 날개를 달았다. 외출이 가능한 주말이면, 아이들은 새벽 5시에 기숙사를 나섰다. PC방에 가기 위해 한 시간을 걸어나가 면소재지에서 첫차를 타고

시내까지 40여 분을 더 갔다. 그 먼 길을 가서 하루종일 게임을 하고는 저녁 7시에 맞추어 학교로 돌아왔다. 7시까지 돌아와야 한다는 교칙은 있지만 아침 몇 시부터 외출할 수 있는지는 정해져 있지 않은 법률상(?)의 허점을 이용해 합법적으로 주도성을 발휘한 것이다. 간절한 이들의 집단지성은 당해낼 도리가 없었다.

아이들의 두려움 없는 도전에 위험천만한 순간도 여러 번이었다. 간식으로 순대가 나온 날, 과학실에서 꼬불쳐온 알코올램프와 삼발이 위에 스텐 통을 올리고 순대볶음을 해먹다가 기숙사 장판에 불이 붙고 한 녀석이 발등에 화상을 입었다. 가슴이 철렁했다. 삼발이가 작다며 목공실에서 철사를 가져와 보조 삼발이까지 만들어 쓴 걸 보고는 혼을 내는 와중에도 '와, 진짜 창의적이네' 하는 말이 입 밖으로 나올 뻔했다. 문제를 해결하려고 최선을 다해 방법을 궁구하는 아이들의 태도는 정말 주도적이었지만 한 번도 칭찬받지 못했다.

'뭐가 되려고 저러나' 싶을 만큼 기발하게 주도적이던 그 소년들이 벌써 30대 중반에 접어들었다. 애 아빠가 되고, 공무원이 되고, 문화기획자가 되어 다들 한 사람 몫을 하며 살아간다. 어른들에게 칭찬받지는 못했지만, 좋아하는 일에 몰입하며 창의적으로 자기주도성을 발휘했던 그 시절의 경험이 분명 그들의 현재 삶 어딘가에 깊숙이 스며들어 있을 것이다.

자유롭고 선택지가 많은 대안학교는 하고 싶은 것이 많은 아이들에겐 주도성을 꽃피울 수 있는, 더없이 좋은 환경이다. 하지만 학생의 의사와 자유에 전적으로 맡긴 결과, 아이가 배움의 기회를 놓치는 경우도 종종 있었다. 불안한 마음이 들 때마다 믿고 기다리자, 때가 되면 의지가 생길 거다 되뇌었지만 모든 아이들이 그런 것은 아니었다. 자율성을 기반으로 한 문화 속에서 자기 동기가 있는 아이와 없는 아이의 성장 속도, 배움의 기회는 더욱 벌어졌다. 무기력한 상태로 몇 년을 흘려보내는 아이도 있었다. 배움을 강제하고 재촉할 순 없지만, 좀 더 섬세한 배려와 도움이 있었다면 무기력의 시간을 좀 줄일 수도 있지 않았을까 후회가 된다.

학생에게 자유를 주고 선택권을 주면 자연히 의미 있는 배움이 일어날 거라는 믿음은 착각일 수 있다.[●] 스스로 배우기 위해서는 강의식 수업보다 훨씬 더 친절하고 촘촘한 교사의 도움이 필요하다. 교사보다 좋은 환경은 또래다. '친구 따라 강남 간다'는 말처럼, 또래와 함께하는 것을 무엇보다 중요시하는 성장기 아이들은 친구를 통해 동기를 얻을 때가 많다. 친구가 하니까

● 남미자 외, 『학습자 주도성, 미래교육의 거대한 착각』, 경기도교육연구원 기획, 학이시습, 2021.

나도 해봐야겠다는 마음이 그 아이를 완전히 새로운 세계로 이끌기도 한다. 주변 사람들과 에너지를 주고받는 가운데 미처 몰랐던 주도성이 발휘될 수도 있다. 그런 특성을 이해하고 나면 특히 '자기주도학습'이란 것이 얼마나 실현하기 어려운 일인지 새삼 알게 된다. '좋아하지도 않는 일'을 '혼자서' '의지'로 해내야 하기 때문이다.

이번 여름방학, 공간민들레 청소년들에게서 희귀한 장면이 연출되었다. 지난 학기 기초학습이 부족하다며 몇몇 아이들이 공부를 하기 시작하더니 급기야 방학 때도 나와서 자율학습을 하겠다고 선언했다. 놀라운 건, 한 학기 동안 숙제 한 번 제대로 해오지 않던 아이의 이름이 그 틈에 끼어 있는 거다. 아이는 손수 학습계획표까지 짜서 벽에 붙였다. 혼자서는 결코 하지 않았을, 누가 시켰다면 더더욱 하지 않았을 방학 중 자율학습은 '저 무리에 끼고 싶다'는 마음이 불러온 결과일 것이다.

사회적 동물인 인간은 곁을 닮아가고 환경에 물든다. 나를 바꾸는 것도 삶의 한 방법이지만, 닮고 싶은 환경 속에 나를 담그는 것 또한 삶을 바꾸는 길이다. 출발은 수동적일지라도 실제 행위로 이어지는 과정에서 의미 있는 경험이 생길 수 있다. 성장기 아이들이 서로 따라 하고 싶도록 건강한 문화를 조성하는 것도 지속적으로 주도성을 독려하는 한 방법일 것이다.

'주도성'이 급변하는 미래사회에 필요한 역량이라면 아이들은 정해진 삶의 궤도에서 이탈해 더 역동적으로 모험하고, 몰입하고, 성공과 실패를 경험할 수 있는 기회를 만나야 한다. 정해놓은 구획 안에서 어른들이 원하는 방향으로 발휘되는 아이들의 주도성을 과연 주도성이라 할 수 있을까. 주도성의 특징이 '자유와 상호작용 그리고 성장'이라면[*] 강제적이지 않고(자유), 개인적이지 않으며(상호작용), 긍정적인 변화를 동반할 때(성장) 진정 '주도적'이라고 말할 수 있을 것이다.

● 김덕년 외, 『주도성』, 교육과실천, 2023.

학교생활기록부, 주도적으로 삶을 기획하라?

길 도 영

심리학을 전공했지만 정신과나 상담실보다 교실에서 할 수 있는 일에 관심이 많다.
공교육에서, 학교 밖에서, 문화예술교육 분야에서 청소년을 만났다. 상담교사
자격증을 가지고 사립학교에서 진로교사로 일했던 특이한 이력이 있다.

진로수업의 최종 '빌런', 학교생활기록부

"B는 연기 관련된 활동으로 3년 '생기부'*를 꽉 채울 계획이래요. 그래서 저랑 같은 팀 안 하겠대요."

진로교사로 재직 중이던 내게 A가 상담을 요청했다. 고1 진로수업 과제로 두세 명이 한 팀이 되어 관심 분야의 직업인을 찾아가 인터뷰하라는 미션을 주었다. 비슷한 관심사를 가진 아이들이 자연스럽게 연결되어 머리 맞대고 직업인을 수소문하는 아름다운 풍경을 상상했다. 초임 교사의 순진한 패착이었다.

A는 이전에도 상담을 요청한 적이 있었다. 연극 관련 직종을 알아보고 싶은데 함께할 친구가 없다고 했다. B의 관심 직군이 '연기, 연출'이라고 알려주면서 얘기를 나눠보라고 조언했다. "나는 연극 쪽에는 관심이 없어, 미안해" 같은 말로 B가 거절할 수도 있겠지만 '용기 내서 친구에게 제안하고 거절당하는 경험도 필요하지' 하는 속내가 있었다. 그런데 거절의 이유에 생기부가 등장하다니. 상상하지 못한 반응이었다.

고1 진로수업이 이루어지는 교실은 불안과 긴장감으로 가득차 있다. 내 진로수업의 목표는 진로를 빨리 정해야 한다는 강

● 학교생활기록부. 초중등교육법에 따르면 학교생활기록부는 학생의 학업성취도와 인성 등을 종합적으로 관찰, 평가하여 작성하고 이를 학생지도 및 상급학교 학생 선발에 활용할 수 있다. 2024년 기준, 대입 수시전형에서 생기부를 주요 평가 요소로 활용하는 비율이 매우 높다.

박에서 오는 긴장도를 조금이라도 낮춰주는 것이었다. 그러려면 진로탐색은 처음부터 3년치의 완벽한 계획을 세워 이행하는 방식이 아니라 이것저것 시도하다가 뒤돌아보았을 때 어떤 맥락을 발견하는 것이 핵심이라는 원리를 아이들에게 납득시키는 작업이 필요했다. '구슬이 서 말이어도 꿰어야 보배'라는 말로만 3주치의 수업을 했다. "네가 가지고 있는 구슬은 뭐니? 열일곱 살, 현재의 시점에서 지난 삶을 되돌아보면 어떤 경험이 남았니? 어떤 맥락이 보이니?" 계속해서 질문했다.

아이들이 가장 많이 한 말은 "아무것도 한 게 없는데요"였다. 그러면 기억나는 일을 전부 다 써보자고 했다. 생애 최초 기억부터 지금까지, 나의 기억창고에 그 경험이 남아 있는 데는 그럴 만한 이유가 있을 것이며 그 경험을 관통하는 키워드가 분명히 있을 거라고, 세뇌에 가까운 확신을 주고 주고 또 줬다.

A3 용지에 더듬거리며 기억을 써내려가던 아이들은 서로의 기록을 보고 놀라워했다. 누구는 인간관계에 대한 이야기로만 한 장을 가득 채웠고, 또 누구는 도서관과 책 이야기를 많이 하고, 또 다른 누구는 자기가 남들에게 주목받았던 경험을 주로 적었다고. 아이들은 자기 삶을 관조하며 분석하는 작업은 어려워했지만, 타인의 삶의 맥락은 금세 발견해냈다. 알려주고 싶었던 진로탐색 원리가 조금씩 스며들고 있음에 약간의 보람을 느껴보려던 와중에 갑자기 '생기부'란 말이 등장한 것이다.

그제야 아이들 생각의 알고리즘을 인지했다. 수행평가를 하다 보면 자연스레 생기부가 떠오르고, 금세 입시 압박이 찾아오고, 그 압박은 1학년 때 진로를 결정해야 한다고 자신을 몰아붙이는 결과로 이어진다는 것을. 걸어온 길에 답이 있으니 조급해하거나 두려워하지 말라는 메시지가 드디어 아이들에게 가닿나 했는데, 사람들의 이야기 속에서 삶이 계획대로 되지 않더라도 어떤 우연이 길을 만들어내기도 한다는 통찰을 얻길 바라며 인터뷰 과제를 계획했는데, 생기부라는 것이 아이들을 다시 처음으로 데려다 놓았다. 말짱 도루묵이다.

자기주도성의 진위를 가린다는 것

고3 1학기 말, 교무실에 맴도는 긴장감에는 고1 진로수업이 이루어지는 교실과 비슷하고도 사뭇 다른 기괴함이 있다. 과목별로 선생님이 작성해준 세특● 내용을 1차로 받아본 아이들이 조심스럽게 교무실 문을 두드린다. 공손한 미소를 지으며 교과세특이 적힌 종이를 들고 선생님 앞으로 간다. "쌤, 제가 학종●●

● 생기부의 교과학습 발달상황에는 과목별 성적뿐 아니라 교과 교사가 정성평가를 기재하는 항목이 있는데 이것이 '과목별 세부능력 및 특기사항'이다. '과세특' 혹은 '세특'으로 줄여 부르며 최대 500자까지 쓸 수 있다.

●● 대입 수시전형의 일종인 '학생부 종합전형'의 줄임말. 학생부 종합전형은 성적보다 세특 내용을 우선적으로 평가한다.

으로 심리학과를 준비하고 있어서요. 혹시… 이 문장을 이렇게 바꿔주실 수 있을까요? 수행평가로 작성했던 보고서 내용을 조금 더 넣어서요." 최대한 선생님의 심기를 불편하게 하지 않으려고 애쓰는 기색이 역력하다. 대부분의 교사들은 흔쾌하게 혹은 흔쾌하지 않지만 못 이긴 척하며 요구를 받아줄 테지만 특정 교사들은 대차게 거절하며 불편한 심기를 노골적으로 드러낸다는 소문을 알고 있기에.

애쓰는 아이의 마음에 충분히 공감한다. 실제로는 훌륭한 학생인데 생기부가 학생의 구체적 역량이 드러나지 않는 추상적 문장으로 작성되어 학종 서류전형에서 떨어졌다는 정보가 진로교사 네트워크에서 떠돈다. 그런 이야기를 들으면 아이들이 조심스럽게 교무실을 노크하는 마음에 뭐라 말을 덧붙일 수가 없다. 누구보다도 성실하게 학교생활을 한 아이가 교무실을 돌아다니는 모습을 목격할 때면 응원하는 마음이 불쑥 올라오기도 한다. 꼭 성공하기를.

응원하는 마음이 절로 드는 학생도 있지만 세특에 대체 무엇을 써주어야 할지, 교사에게 작가의 마음을 경험케 하는 학생도 있다. 지나치게 소극적이거나 수업에 열심히 참여하지 않아 뭘 써야 할지 모르겠는 경우, 또 하나는 과제를 해오지 않는 데다 친구들의 수업에 방해되는 행동을 한 학생의 세특을 써야 하는 경우다. 비율로는 전자가 많지만, 상대적으로 더 큰 고통을 주는 건 후자 쪽이다. 관찰한 그대로를 쓰고 싶다가도 '혹시나 이게 아이의 진로에 결정적인 영향을 미친다면…' 하는 생각이 꼬리를 물고 이어지면 어떻게든 평이한 단어를 찾아 문장을 억지로 지어낸다. 학기 말이 되면 교사들은 '창작의 고통'을 호소한다. 세특 작성 규정이 점점 더 엄격해지고 있어 여러 명에게 같은 내용을 써줄 수도 없기 때문이다.

얼마 전에는 이런 이야기를 들었다. 수학 시간만 되면 잠을 이기지 못하는 C는 사실은 교사의 수업 방식에 공감하지 못해 유난히 많이 조는 것이지만 선생님에게는 그 이유를 절대 드러내지 않으려고 애쓴다. 교사가 생기부에 부정적인 내용을 쓸까봐. 그래서 많이 존다고 수학 선생님에게 혼이 나면 꾹 참았다가 친구들과 담임교사한테만 이야기한다고. '그게 뭐야' 싶다가도 "그래도 솔직한 마음을 선생님께 표현해보는 게 어때?" 같은 제안은 할 수가 없다. 혹여나 C가 수학적 역량이 중요한 분야로 진학한다면 입학사정관은 다른 과목보다 수학 세특을 더 유심히 본다는 걸 알고 있기에.

진로실에는 온갖 단체에서 진행하는 청소년 행사 브로셔가 들어온다. 어떻게든 청소년들을 모집하려는 홍보 문구로 도배되어 있는데 그중 가장 힘이 센 것은 '생기부 기재 가능'이다. 여러 입시 비리 문제가 불거지면서 해외 봉사활동이나 각종 대회, 캠프 같은 교외 활동 기재를 엄격하게 금하고 있다. 간혹 교육부 산하 기관이나 문화체육부에서 주최하는 행사의 경우에는 생기부 기재가 가능하니, 그러한 활동에 먼저 눈이 가는 건 아이들은 물론 진로교사도 예외는 아니다. 생기부 설계를 위해 활동을 선별하고 선택하는 학생도 당연히 있다. 그 학생의 활동을 자기주도성에 기반한 것으로 볼 수 있는 걸까. 생기부에 '(인위적) 자기주도 역량을 갖추고 있음'이라 쓰고 싶은 마음이 불쑥 올라오다가도 이런 내 생각이 맞는지 헷갈린다. 입시를 목표로 한 인위적인 기획일지라도, 이 또한 다른 형태의 자기주도성으로 평가할 수 있는 걸까?

모두가 주도적일 수는 없는 현실 속에서

2023년부터 학생부 종합전형에서 자기소개서가 제외되었다. 그 내용이 고등교육을 잘 해냈다는 역량을 예측하지 않는다는 분석의 결과 때문이다.(자소서가 '자소설'임을 입학사정관이 인정한 것이기도 하다.) 독서 기록이나 수상 기록도 제한되었다. 이제 아이들이 수시 전형에서 자신을 입증할 수 있는 도구는 교사들이 써주는 생기부 내용이 유일하다. 교사들에게도 생기부 쓰는 역량이 점점 더 중요해질 수밖에 없다. 진로교사에게도 막중한 역할이 하나 더 생겼다. 생기부 작성하는 방법을 모든 교사에게 친절하고 상세히 안내하는 것.

전체 교사를 위한 생기부 연수를 준비하며 경력이 많은 다른 학교 진로교사에게 컨설팅을 요청했다. 컨설팅을 해주러 오신 선생님은 대학교육을 통해 좋은 시민으로 성장할 가능성이 보이는 학생이 이해할 수 없는 이유로 진학에 실패하는 사례를 보며 진로교사로 전향했고 그때부터 생기부 연구를 시작했다고 하셨다. 아이의 진정한 성장이 무엇인지, 성장을 돕기 위해 교사는 무엇을 해야 하는지 오래 고민해온 시간이 느껴졌다. 자신이 연구한 내용을 한정된 시간에 최대한 많이 전달하기 위해 수십 장의 PPT 슬라이드와 자료물을 공유하셨다.

컨설팅 내용의 핵심은 생기부에는 단순한 활동 기록을 넘어서 아이가 가진 역량을 발견하여 기록해야 한다는 것. 역량 중에서도 가장 중요한 것은 '자기주도성'이라 했다. 예를 들면 '조별 활동으로 사회적 기업을 조사하여 발표함'보다 '평소 자신의 관심사인 사회적 기업을 발표 주제로 제안하고 팀원들을 설득하는 모습에서 자기주도성이 드러났으며 발표 역량 또한 뛰어남'이 더 좋은 기록이라는 것이다. 그렇지만 교사는 한 명, 한 반 학생은 수십 명이다. 모든 아이를 섬세하게 봐주고 싶은 마음은 굴뚝같아도 물리적으로 불가능하다. 게다가 모든 학생에게 주도적인 리더 역할을 줄 수도 없는 일이다.

현실적인 한계가 있지 않냐고 질문들을 쏟아내자 이런 답변이 돌아왔다. "모든 아이를 관찰할 수 없기에 학기 말에 학생들에게 자기평가서를 꼼꼼하게 받아야 한다. 수업에서 자신이 한 활동과 성장한 내용을 스스로 기록하게 하고 그 내용을 토대로 생기부를 쓰는 것이 좋다. 자기주도성은 리더십이 아니라 능동성을 의미한다. 팀원으로서 자신의 역할을 잘 해내기 위해 자발적으로 노력한 것이 있다면 자기주도 역량이 있는 것이다. 그것을 구체적으로 언급하는 것이 핵심이다."

간결하고도 명확한 답변에 갑자기 어깨가 무거워졌다. 고교학점제 시범운영 학교여서 나는 진로수업뿐 아니라 전공을 살려 심리학 수업도 진행하고 있었는데, 수강생 중에 심리학과 진학을 희망하는 고3 학생이 있었다. 성실하게 학교생활을 하면서 교사에게도 친구들에게도 평판이 좋은 학생이었다. 컨설팅 이후 머릿속에서 그 아이 얼굴이 떠나질 않았다. 고3 1학기 생기부는 입시의 당락을 결정할 정도의 위력을 가지고 있기에. 학기 말, 머리를 쥐어뜯으며 정해진 500자 안에 단어를 넣었다 뺐다 수십 번을 반복하고 여러 버전을 작성하는 과정을 거쳐 세특을 완성했다. 그 아이가 12월에 추가 합격을 했다는 소식을 듣고서야 어깨에 묵직하게 내려앉았던 짐이 거둬졌다.

자기기획과 생기부라는 세계 사이

이제는 아이들의 진로를 이야기할 때, 취직도 창업도 아닌 '창직'을 해야 한다는 주장이 대세다. 스스로 직업을 만들고 자신의 능력을 운용할 줄 알아야 한다는 거다. SNS는 훌륭한 자기 홍보 도구다. 스타트업 회사 홍보팀에 근무하면서 '스타트업에서 홍보로 살아남는 법'이라는 이름으로 강의를 진행하고 저녁에는 기획 마케팅 독서 모임을 운영하는 일상, '스토리텔러'라는 직함을 만들어 자신이 쓴 소설을 메일링하는 서비스를 제공하고 독립서적을 출판하며, 크고 작은 글쓰기 수업을 운영하면서 '창직'을 실현하고 있는 누군가의 일상은 SNS를 타고 사람들에게 꾸준히 노출된다. 그런 이들을 보면 월급쟁이로만 사는 자신이 걱정스럽다. 부모님께 손 안 벌리는 게 어디야 싶다가도 자기계발 안 하고 안일하게 살고 있는 거 아닌가 하는 불안감이 엄습해오는 건 어쩔 수가 없다.

자기기획의 시대다. 내가 무엇을 가지고 있으며 그 무엇을 어떻게 노출해야 팔리는지 잘 아는 사람이 조명받는 세상이다. 그 소수의 일상을 꾸준히 엿보고 있는 다수는 은밀히 그들을 부러워하면서, '무언가 더 해야 하나'라는 압박을 무의식적으로 자신에게 가하기도 한다. 잔인하고 피곤한 일이다. 이렇게까지 열심히 살아야 하나 싶다. 힘든 일들이 겹쳐 정신건강을 잘 챙기지 못할 때면 이런 생각과 감각들이 나를 끝도 없는 무력감으로 몰아간다.

그러다 문득 이런 생각이 든다. 일주일에 한 번 있는 진로수업에서 3주나 할애해가며 아이들에게 했던 말, "구슬이 서 말이어도 꿰어야 보배"라고 세뇌하듯 강조했던 나의 메시지가 사회에 나가면 자연스레 노출될 자기기획의 피로감을 10대로 앞당겨버린 것은 아닐까. 학기 말 수업마다 써내야 하는 자기평가서가 자기기획 훈련으로 기능하고 있지는 않을까. 인간이 항상 능동적인 상태일 수가 있나. 능동적으로 살고 싶어도 그럴 수 없는 환경과 정서에 놓인 이들도 있지 않을까.

생기부로 자기 진로의 맥락을 만들어내라는, 10대에게 지나치게 높은 수준의 요구를 학생부 종합전형이 하고 있는 것은 아닌가. 그리고 수십 수백 명의 아이들이 저마다 갖고 있는 역량에 대해 각각 다른 언어로 500자씩 쓸 수 있는 슈퍼 파워 교사는 현실적으로 어떻게 가능하단 말인가!(2학기 말에 나는 100명의 세특을 썼다. 담임 업무를 맡은 교사는 내가 쓴 분량의 족히 2배는 써내야 했다.)

30대 초반의 진로교사로 사는 일은 끝없는 자기모순의 미로에 갇히는 일과도 같았다. 그 미로 속에서도 포기할 수 없었던 마음은, 인간이라면 누구나 저마다의 고유한 힘을 가지고 있다는 사실을 아이들이 스스로 믿고 그저 건강한 정서로 삶을 살아냈으면 하는 바람이었다. 생기부가 지배하는 교실 속에서, 내 마음은 과연 아이들에게 가닿을 수 있었을까. 🐦

10대의 끝자락,
내가 찾아온 길들

권 아 림

인문학 공부를 시작으로 보드게임 출시, 독립 출판에 이어
스타트업 취업까지 했던, 특이하고도 평범한 18세 청소년.

"넌 공부 왜 해?"

친구들에게 물어보면 이런 답이 돌아왔다.

"그냥, 해야 되니까."

아무 이유 없이 다들 '그냥' 하고 있었다. 그중 가장 이해가 안 됐던 말은 '부모님이 시켜서'라는 대답이었다. 그게 무슨 말일까. 내 인생은 온전히 내 건데 왜, 어째서 다른 사람이 시키는 대로 할까.

불행인지 다행인지 성적 그리고 다른 것들도 다 그저 그랬던 내게 부모님은 별말씀을 하지 않으셨다.

"알아서 해. 네 인생인데, 잘하겠지. 그냥 해보고 싶은 거 다 해 봐."

어떻게 보면 무관심하다 생각될 만큼, 부모님은 많은 걸 허용하고 지지해주셨다. 자퇴를 결정할 때도 마찬가지였다.

중학교 1학년, 내가 품고 있던 단어는 '여행'이었다. 국내뿐 아니라 미국, 중국, 캐나다, 홍콩 등을 여행했다. 다른 나라에서 접할 수 있는 것들을 경험하고 그 나라의 문화를 배우면서 시야를 넓히고 싶어 한 단체에서 주최하는 여행에 여러 번 참여했다. 이런 경험을 더 하면 좋겠다는 생각이 들었다.

"나 여행하는 게 좋아. 좀 더 오래 여행하고 싶어. 그러려면 학교를 못 다닐 것 같은데."

부모님께 말씀드렸더니 심플한 답이 돌아왔다.

"네가 선택하는 거지. 우린 존중해."

그렇게 학교를 그만두고, 중학교 2학년 때부터 내가 하고 싶은 것들을 하나둘 찾아나갔다. 수많은 경험을 꿈꾸었지만, 예상치 못한 일이 벌어졌다. 코로나 팬데믹. 특히 여행을 좋아하던 나에게는 청천벽력 같은 일이었다. 여행뿐만 아니라 사람 만날 기회가 줄었고, 학교 밖에서 할 수 있는 일이 많지 않았다. 점점 혼자 생각하고 혼자 있는 시간이 늘어나기 시작했다.

내가 선택한 일을 감당하기 힘들 때마다 나를 즐겁게 했던 경험을 떠올리며 버텼다. 나를 가장 나답게 만들었던 경험, 시간이 물 흐르듯이 지나가버린 아쉬웠던 경험들. 여행하며 행복하고 즐거웠던 순간, 글을 쓰면서 나를 잘 표현할 수 있는 필력을 키워가던 순간, 친구들과 밥 먹으며 웃고 떠들다 보면 몇 시간이 훌쩍 지나갔던 소소하고도 수많은 순간들을.

처해진 환경에서 나를 성장시키는 데 집중한 시간이었다. 책 읽기와 글쓰기에 대한 관심은 출판으로 이어졌다. 출판사 등록을 하고, 함께할 팀원을 모집하고, 출간 지원사업에 응모해서 지원금을 얻어냈다. 프로젝트 중심의 대안학교에 입학해서 2년간 앱 기획 및 개발, 디자인, 보드게임 기획, 출판 인턴십, 스타트업 취업, 워크숍 및 행사 운영까지 경험을 쌓았다.

특별히 잘하지도, 못하지도 않는 나 자신이 어중간해 보이고 때론 좌절감에 휩싸여 아무것도 하기 싫을 때도 있었다. 학교를 그만둔 걸 후회한 적도 많다. 너무 섣불리 결정한 선택인 것만 같았다. 친구들이 안정적으로 학교 다니는 모습을 보면 '조금만 더 다닐 걸' 하는 생각이 자주 들었다. 부모님한테 "학교 그만둔다고 했을 때 좀 말려주지 그랬어"라는 말도 참 많이 했다. 그럴 때면 부모님은 역시 심플하게 말했다. "미안해."

잔소리일까, 아닐까

어른들은 청소년들이 아무 생각 없이 사는 줄 안다. 그래서 잔소리를 한다.

"폰 좀 그만 봐."

"아니, 공부 좀 하라니까 잠시를 못 참고 또 게임하니?"

"나중에 뭐가 되려고 그래. ○○이는 이런 것도 했는데 넌 왜 그러니?"

대한민국 청소년이라면 지겹도록 들은 말일 것이다.

하지만 어른들의 생각과 다르게 우린 아무 생각 없이 살지 않는다. 매일 모이면 뭐 하고 살지, 대학은 어딜 갈지, 앞으로 어떻게 해야 한지를 나름대로 고민하고 얘기한다. 단지 그 고민을 실천하느냐 마느냐로 나뉘는 것뿐이다.

한 친구가 있었다. 정말 아무것도 안 하는 것처럼 보였고, 모두 그 아이를 걱정했다. 어른들은 답답해하면서 잔소리를 했지만, 난 그 아이가 교과서에 그림을 끄적거리는 모습을 보며 어쩐지 무언가를 꼭 이룰 것 같다는 생각이 들었다. 아무도 그 아이를 안 믿었지만 혼자 그림을 끄적이던 그 아이는 그림에 재능과 흥미가 있다는 걸 발견하고는 그쪽으로 진로를 정해 지금도 꿈을 키워가고 있다.

다 알아서 잘 할 거니까 잔소리하지 말고 내버려두라는 얘기가 아니다. 다만 청소년들이 이렇게 방황하면서 길을 찾아갈 때 필요한 어른의 역할은 무엇일지 고민해보았으면 좋겠다는 거다. 생각해보니 부모님도 나를 그냥 내버려둔 것은 아니었다. 내게 이런저런 제안을 자주 하셨다.

"이거 어때? 이런 것도 있다는데 해보고 싶어?"

속으로 '또 어디서 이런 걸 찾아왔지? 지금도 힘든데…'라는 생각이 들 때도 있었다. 하지만 부모님은 이런 제안을 하실 때 "꼭 하지 않아도 괜찮아"라는 말을 항상 덧붙이셨다. 그런 제안들은 별로 부담이 되지 않았고, 선택하든 안 하든 마음이 가벼웠다. 나중에 돌이켜 보니 나 스스로 미래를 설계하는 데 부모님의 그런 모습이 큰 도움을 주었다. '괜찮다'는 말이 안도감을 주었고, 말로만 괜찮다고 하는 게 아니라 진로와 관련된 여러 정보와 기회들을 같이 찾으면서 진심으로 응원해주는 모습이

날 안심시켜줬다. 내가 대안학교 가서 프로젝트를 하고 싶다고 하면, 엄마도 같이 대안학교를 찾아주었다. 서로 찾은 학교를 모아놓고는 뭐가 좋고 안 좋은 것 같다, 장단점을 말하면서 내게 맞는 곳을 찾는 데 같이 힘을 쏟았다.

물론, 미래는 내가 정해야 한다. 하지만 내가 바라는 나의 모습을 만들어가기까지 모든 것들을 혼자서 해나갈 수 없다. 내가 뭘 좋아하는지, 뭘 해보고 싶은지 스스로의 미래를 위한 계획에 집중하면 부모님은 내가 그 계획을 잘 실행할 수 있도록 정보적인 측면, 금전적인 측면에서 도움을 주었다. 하고 싶은 일을 찾아서 '주도적'으로 미래를 헤쳐온 것 같지만, 나 혼자서 모든 걸 이룰 순 없는 일이었다.

도움을 청하는 능력

대안학교를 다니다 그만둔 후 소속된 곳 없이 혼자 모든 걸 해나가야 하는 상황에 처한 적이 있다. 불과 몇 달 전 나에게 일어난 일이었다. 막상 그런 상황이 닥치자 우울했다. 힘들어 할 틈을 없애기 위해 당장 다른 일들을 해나가야 한다는 생각으로, 전에 만났던 선생님들과 도움주시던 어른들께 연락을 드렸다. 내가 조금이라도 도움이 될 만한 일을 함께 할 수 있을지 요청했다. 어른들은 그 요청을 흔쾌히 받아주셨고, 만나서 같이할 수 있는 일을 고민하고 제안해주셨다. 진행되고 있는 프로젝트에 스텝으로 참여하기, 관심 있는 분야의 회사에서 인턴으로 일하기 등이었다. 먼저 도움을 청한 것에 고마움을 표하시기도 했다. 어른들 눈에는 혼자 힘들게 고민하지 않고 먼저 손을 내밀어준 내가 대견해 보였나 보다. 난 그런 어른들의 태도에 감사함과 존경심을 느꼈다.

언제까지 도움을 받으면서 살 순 없으니, 어른들의 도움을 딛고 언젠간 혼자 서야 할 것이다. 그걸 위해서 지금 나한테 필요한 도움을 서슴없이 청하는 연습을 하는 중이다. 대부분의 부모님들은 자녀를 '주도적인 아이'로 키우고 싶어 한다. 어른들이 바라는 '주도적인 아이'란 자기 일을 알아서 잘 하는 아이, 그리고 알아서 공부하는 아이, 두 가지인 것 같다. 하지만 자기 주도성에서 중요한 것은 모든 걸 알아서 스스로 하는 게 아니라 주변 사람에게 도움을 잘 청하는 것이라는 생각이 든다. 아이가 혼자서 다 잘하는 사람이 되기를 바라기보다 주변 사람들과 함께 일어설 수 있는 힘을 갖길 바라며 응원해주는 게 좋을 것 같다.

그렇게 조금 더 성장한 나는 지금 대입을 위한 검정고시 준비를 하고, 포트폴리오를 쌓는다. 단기적으로는 일 년 안에 내가 이루고 싶은 것들을 정리한 후, 그걸 이루기 위해 무얼 해야 할지 나름대로 정리해놓았다. 대학 가서 하고 싶은 공부를 하며 진취적으로 일을 해나가는 내가 되고 싶어서 수시 면접을 준비하는 나만의 타임라인도 준비했다. 미루고 싶은 마음이 들 때도 많지만, 그렇게 우선순위를 정해놓으면 혼자서도 충분히 일정을 챙길 수 있다.

10대의 끝자락에서

험난하기도 하고, 때론 불안하고 힘들었던 내 10대의 여정은 어느새 끝을 향해가고 있다. 돌아보니 남는 건 '사람'인 것 같다는 생각이 든다. 내가 힘들 때마다 항상 옆에서 날 응원하고 도와준 부모님, 옆에서 나라는 사람 자체를 좋아해준 친구들, 내가 정말 잘되길 바라며 진심으로 대해주신 선생님들까지. 주변 사람들 덕분에 지금의 내가 혼자 일어설 수 있었다. 어쩌면 앞으로 더 오랜 시간, 몇 배로 힘든 일들이 눈앞에 펼쳐질지도 모르겠다. 지금도 가끔 비틀거릴 때가 있지만 잘해왔던 과거의 나 그리고 지금보다 성장할 미래의 나를 바라보며 다시 일어설 수 있는 힘이 조금은 생겼다.

방황하는 나한테 제일 도움이 된 건 부모님이 묵묵히 기다려주는 것이었다. 묵묵한 기다림은 믿음이 기본이 되어야 할 수 있는 거니까, 그런 믿음은 말하지 않아도 자녀에게 안정감을 준다. 아이가 무언가 잘해내기를 무작정 기다리는 것이 불안한 부모님이 있다면 "이거 해볼래?" 하며 제안해보는 것도 좋겠지만, 대신 이 말을 꼭 덧붙여야 한다. "꼭 해야 되는 건 아니니까 부담 갖지 마"라고. 별생각 없이 사는 것 같은 청소년들 마음속은 오늘도 '어떻게 살아야 할까'라는 고민으로 롤러코스터를 탄다. 그러니 너무 조급해하지 말고, 믿고, 기다리고, 대화하시라고 말하고 싶다.

'자기주도적인 아이'라는
이상 혹은 환상

신 나 리

디자이너. 공공기관이나 지역공동체와 다양한 프로젝트를 진행한다.
지은 책으로 『엄마 되기의 민낯』, 『여자, 아내, 엄마 지금 트러블을
일으키다』, 『이상하고 쓸모없고 행복한 열정』 등이 있다

울면서 하는 숙제

우리 집 열 살 어린이에겐 매일 해야 하는 숙제가 있다. 방문 피아노 선생님이 내준 포도알 채우기. 하농과 소곡집, 소나티네에서 정해진 곡을 적게는 세 번, 많게는 열 번씩 매일 쳐야 한다. 다 합쳐서 30분도 걸리지 않지만, 아이는 숙제를 해야 한다는 압박에 괴로워하면서도 잠들기 직전까지 놀면서 연습을 미루곤 한다.

하루는 밤 9시쯤, 잘 시간이 되어서야 숙제를 하겠다고 징징 거렸다. 나는 초조해하며 짜증내는 아이에게 이럴 바에야 하지 말라고 했다. 선생님에게 숙제 못했다고 솔직히 말하면 된다고. 그러나 아이는 숙제를 안 하면 심장이 뛰어서 잘 수가 없다고 호소했다. 하지 않으려니 마음 불편하지만 그렇다고 미리 하기도 싫은 것이 아이의 마음이었다. 끝내 아이는 밤늦은 시간에 울면서 피아노 연습을 했다. 틀리면 울기도 하고, 소리 지르며 건반을 쾅쾅 내리치기도 하면서 겨우 숙제를 마쳤다.

나는 피아노 연습뿐 아니라, 아이의 학교 숙제 역시 챙겨주지 않는다. 숙제를 부담스러워 하는 아이의 불안을 달래주지도 않는다. 자기주도학습이 중요해서가 아니다. 스스로 할 때까지 기다려주고 싶어서도 아니다. 미리 하라고 말해봤자 아이에겐 잔소리였다. 아이는 숙제하라는 내 말에 다음에 하겠다면서, 자기 숙제니까 엄마는 신경 쓰지 말라고 했다. 그래서 아이의 숙제 챙기기를 그만두기로 했다. 재촉해도 싸움만 일어나니까.

대신 엄마가 숙제를 도와줘야 한다면 무조건 9시 전에 요청하고, 그 후엔 알아서 하라고 했다. 아이가 알아서 했을까. 그럴 리가. 아이는 여전히 미리미리 하지 않는다. 최대한 미루다가 겨우 한다. 피아노 연습이 틀릴 때마다 스트레스를 왕창 받고, 포도알을 두 개씩 채우는 잔머리도 굴려가면서. 정 못하겠으면 다음 날로 미루기도 하고, 스스로 잘한다고 생각되면 횟수를 채우지 않고 얼렁뚱땅 넘어가는 타협도 하면서. 나는 그런 아이를 내버려두고 잘 시간이 되면 전등을 끈다고만 말한다.

스스로 잘하는 아이는 없다

원래부터 아이의 학습에 느긋한 건 아니었다. 특히 영어 학습에서는 나도 자유롭지 않았다. 다른 집 아이들이 영어 영상과 동화책을 꾸준히 접하며 프리 토킹이 가능해졌다는 말을 들을 때면 귀가 팔랑거리고 조바심이 났다. 내가 가진 불안은 평소 나의 가치관과 앞뒤가 맞진 않았다. 나는 아이가 스스로 관심사를 찾아야 한다고 믿어왔으니까.

그러나 아이 혼자 찾는 걸 기다리기엔 인내심이 부족했고, 자꾸만 다른 아이들의 학습과 비교하며 내 아이가 뒤떨어지지나 않을까 가끔 가슴이 철렁했다. 이중적인 마음에 시달리는 이가 나만은 아니었던 것 같다. 이런 분열을 해소하는 방식이 교육 시장에 나와 있었다. '엄마표 영어'라는 이름으로.

엄마표 영어란 가정에서 가랑비에 옷 젖듯 영어를 꾸준히 접하게 해서 아이의 영어 실력을 길러주는 방식이다. 책이나 온라인에서 만나는 엄마표 영어 강사들은 매일 영어 영상이나 동화책에 노출시키되, 아이가 잔소리로 느끼지 않도록 놀이처럼 만나게 해주는 방법을 강조했다. 엄마표 영어에 성공한 이들의 말을 나는 이렇게 받아들였다. "영상이랑 동화책을 꾸준히 보여줬더니 영어를 잘하게 됐다. 내가 한 건 별로 없다. 습관이 잡히면 아이가 스스로 찾아서 한다." 적은 노력으로도 성과를 얻고 싶었던 나는 솔깃했다. 몇 년을 어설프게 따라했다.

아이가 보는 태블릿PC에 파닉스를 익히는 노래부터 '페파피그' 같은 시리즈 영상을 넣어줬다. 방과 후에 영상을 1시간 정도 보게 해줬고 매일 밤 영어 동화책도 한 권씩 읽어줬다. 콘텐츠를 찾는 일이 귀찮기는 해도 크게 힘들 건 없었다. 그렇게 2년쯤 지났다. 아이의 영어 실력이 얼마나 늘었는지 궁금했던 나는, 보고 있는 영상이 무슨 내용인지 물어보았다. 아이는 내용을 거의 알지 못했다. 그저 돼지 가족이 내는 "꿀꿀!" 소리만 자신 있게 따라했다. 모국어 발달이 좋은 편인 아이는 어휘도 다양하게 쓰고 자신의 생각도 조리 있게 전달한다. 읽기와 쓰기도 비교적 정확하게 한다. 그런데 영어에선 이런 자질이 전혀 발휘되지 않았다. 왜 그랬을까.

나는 엄마표 영어에서 강조한 대로 스트레스 없이, 자연스럽게, 꾸준히 영어를 접하게 했다. 한마디로 아이와 내가 편한 대로 '대충' 했다. 특별한 계획도, 반복 학습도, 강요도 없이. 그런데 되는대로 조금씩 접하게 하는 방식 자체가 영어 학습에 전혀 도움이 되지 않았던 것이다. 아이가 접한 건 영어가 아니라 영상과 그림뿐이었다. 그제야 알게 됐다. 엄마표 영어는 자연스러움을 강조했지만 실상은 엄마에 의한 철저한 계획을 밑바탕에 두고 있었다. "그저 좋아하는 걸 보여줬더니 아이 스스로 영어를 익혔어요"라고 하지만, 엄마가 아이의 관심과 실력을 세밀하게 관찰하며 수준에 맞는 자료를 제때에 적절히 제공하지 않으면 아이는 금세 흥미를 잃는다.

모국어 환경에서 아이에게 지속적으로 외국어를 접하게 하려면, 아이의 시간과 공간에 대한 통제권을 엄마가 완벽하게 장악하고 있어야 했다. 노는 공간에서도 잠자리에서도 배경음악처럼 영어 소리를 틀어줘야 한다. 단, 그 모든 것이 마치 공기처럼 아이에겐 의식되지 않아야 한다. 결국 엄마표 영어가 표방하는 '자기주도학습'이란 '엄마주도' 없인 성립할 수 없었다. 그럼에도 '엄마표'(엄마주도) 영어와 '자기주도학습'이라는 모순된 언어는 버젓이 양립한다.

나는 극성 떨며 영어를 익히게 하는 엄마처럼 보이고 싶지 않았지만, 아이가 영어를 익혔다는 뿌듯함은 얻고 싶었다. 아이가 영어를 잘하게 되었지만 내가 유난스럽게 닦달해서 얻은 결과는 아니라고 말하고 싶었다. 기본적인 환경만 제공하면 '아이 주도'로 그렇게 될 줄 알았다. 그러나 그런 성과는 얻지 못했다. 나는 엄마표 영어 흉내내기를 그만뒀다. 아이는 그나마 익힌 영어를 빠르게 잊어버렸고, 초등학교 3학년 때 교과과정으로 영어를 배우기 전까진 알파벳도 읽지 못했다.

불안에 대처하는 법

나는 왜 엄마표 영어에 흔들렸을까. 영어 시험에서 높은 점수 받는 게 아니라 단지 아이가 영어를 겁내지 않았으면 좋겠다고 '쿨한 척' 말했지만, 그건 나의 진심이 아니었다. 솔직히 아이가 영어를 잘해서 성인이 되었을 때 조금이라도 경쟁력 있는 인간이 되길 바랐다. 다만 거기까지 아이가 도달하는 과정이 '자기주도적'이길 바랐고 그러면서도 나의 욕심은 숨기고 싶었다.

그렇다면 내가 영어에 대한 불안에서 벗어날 수 있을까. 완벽히 자유로울 순 없다고 생각한다. 다만 제한된 조건 속에서 선택은 할 수 있다. 육아 10년 차 경험으로 보건대 육아나 학습 정보는 많이 접할수록 유용하기보다 혼란을 일으킨다. 전문가

나 양육자마다 다양한 관점이 충돌하기 때문이다. 또 특정 방식에서 성공한 사람들은 다른 사람들이 자신들만큼 하지 못한 이유로 양육자의 자질이나 태도의 문제를 지적하곤 했다. 엄마가 노력을 덜했다 혹은 잘못된 방향으로 했다는 식으로.

　내가 무얼 할 수 있는지 알기 위해선 오히려 고립의 시간이 필요했다. 수시로 들락거리던 온라인 맘카페에 '영어, 언제부터 시켜야 할까요?' 같은 글이 올라와도 읽지 않았다. 급기야는 맘카페를 탈퇴했다. 특히 정보를 제공하는 듯하면서 '학습성취 자랑'을 하는 콘텐츠는 애써 멀리 했다. 작성자가 선의를 가지고 말하더라도 '책 읽는 아이로 만드는 법', '영어 잘하는 아이로 만드는 법'과 같이 아이를 어떻게 만들라는 얘기를 접하다 보면 없던 불안감도 새롭게 생겨나니까.

　아이 학습에 적극적이지 않은 나를 보면서 고학년 아이를 키우거나 교육열이 뜨거운 동네에 사는 양육자들은 말하곤 했다.

　"나도 어릴 땐 공부 안 시켰어. 그런데 좀 더 크면 다른 애들 다 하는데 혼자 안 하기도 어려워."

　"그러다 나중에 아이가 엄마 탓하면 어떻게 하려고 그래."

　"경쟁에서 살아 남으려면 어쩔 수 없잖아."

　경쟁적인 사회에 적응하려면 '어쩔 수 없다'는 말을 생각해 본다. '경쟁적'이라는 사회 현상은 사실일 수 있다. 그러나 "남들과의 경쟁에 동조하는 건 어쩔 수 없다"고 할 때, 그 말을 하는 나의 마음을 들여다볼 필요가 있다. 나의 경우, 불안을 견뎌내지 못하고 빨리 완화하고 싶을 때 '어쩔 수 없다'는 그 말을 찾아냈다. 사회문제를 비판하면서도 부조리를 거스르고 싶지는 않을 때, 그 말로 나의 타협을 정당화하고 싶었다. 모든 걸 노골적으로 말하면 속물처럼 보일까봐 '어쩔 수 없다'고 말하며 내겐 선택권이 없는 듯 회피했다. 이 말은 실상 '엄마주도'인 영어 공부를 아이의 '자기주도학습'이라는 말로 표현하듯이, 자신의 진짜 욕망과 행동을 감춘다.

아이를 학원에도 보내지 않고, 학습 계획을 짜서 이끌어주지도 않았는데 아이가 스마트폰에 빠지지 않고 스스로 관심사를 찾는 것도 부모의 문화적 자원이 있을 때 가능하다는 걸 안다. '스스로 잘하는 아이'라는 수식어가 실상 양육자의 주도면밀한 기획인 것처럼, 내버려둬도 잘 자라는 아이 역시 그만한 환경이 뒷받침될 때 가능하다. 결국 나는 아이를 그저 내버려둘 수는 없을 것이다. 아이 학습에 적극적이지 않다 뿐이지, 나름의 대처는 해야 한다. 문제는 방향을 어느 곳으로 두느냐다.

아이의 삶을 기획하지 않겠다

내가 아이에게 할 수 있는 건 무엇일까. 수학이나 영어, 책읽기 같은 학습에 적극적이지 않지만, 집안일이나 취침 시간, 핸드폰과 인터넷 사용 같이, 일상생활에서 필요한 규칙을 적용하는 것엔 꽤 애를 쓴다. 특히 스마트폰 게임이나 영상 시청에 시간을 많이 보내지 않도록 제지하려 하는데, 공부를 시키거나 숙제를 하게 하기 위해서는 아니다. 아이가 어떤 자극도 없이 자신이 느끼는 심심함을 고스란히 겪길 바라서다. 그럴 때면 집 전체에 와이파이를 끄고 나도 책을 읽는다.

아이는 아무리 시간이 펑펑 남고 심심해도 수학문제집을 풀거나 책을 읽거나 숙제를 하진 않는다. 심심함에 몸부림치다가 친구에게 연락하고, 친구도 없으면 스스로 놀이를 만들어낸다. 아이돌 그룹의 포토카드를 오리고 붙이고 파일첩에 넣고 빼며 두어 시간을 보낸다. 숙제는 놀이를 질릴 때까지 한 다음, 시간이 임박해 궁지에 몰렸을 때만 '초치기'로 해낸다.

사교육이라고 할 만한 건 수영과 피아노다. 두 가지 모두 특별한 목표 없이 한다. 피아노는 4년을 배웠지만 그 흔한 콩쿨에도 한번 나가지 않았다. 수영도 운동과 연습 자체에만 의의를 둔다. 그나마 소질을 보이는 건 미술인데 아이는 미술학원을 거부했다. 그림을 '잘 그리기 위한' 소묘나 수채화를 하고 싶지 않아 했다. "너 그림 못 그려도 돼?" 물어보니 "상관 없어!"라고 한다. 아이는 오로지 현재를 살아가고 지금에 몰두한다. 무엇을 '더 잘하기 위해' 하는 게 없다. 여기에서 나는, '스스로 알아서 하는 아이'라는 말에 비친 나의 환상을 본다. 여기엔 어른들이 원하는 아이의 모습이 있었다.

'자기주도적'이라는 말은 어떤 뜻일까. 아이는 시키지 않아도 인형을 가지고 이야기를 만들고, 사계절 옷을 꺼내 패션쇼를 하며 1인 10역을 소화해내고, '뉴진스' 노래 가사를 찾아 외운다. 그러나 이런 건 '자기주도성'이라고 보지 않는다. 양육자가 잔소리를 하지 않아도 책상 앞에 앉아서 어려운 수학 문제를 틀려도 짜증내지 않고 끙끙대며 풀 때만 자기주도적이라고 한다. 아이를 그렇게 '만들기' 위해선, 양육자가 아이를 이끌고 가야 한다. 그럼에도 '자기주도'라는 말은 아이에게 대놓고 강요한 적은 없다는 착각을 일으킨다. 자신을 민주적이며 자율을 존중하는 양육자처럼 느끼게 한다.

'자기주도'라는 말엔 이미 원하는 목표가 설정되어 있고 결과에 대한 기대가 반영되어 있다. 어떤 행동을 할 때 지속적으로 성과가 도출될 것을 예상하며 쓰는 말이다. 양육자가 설계한 기획을 저항감 없이 아이가 자동적으로 수행할 때, 자기주도적인 아이가 되는 것이다. 그런데 그게 정말 가능한 일일까? 우리 삶엔 의도한 계획보다 변수가 더 많이 작용한다. 납득되지 않는다면 지금 내 꼴을 보자. 어른인 나는 계획대로 살고 있나? 매일 15분씩만 스트레칭을 하자고 결심해도 일주일을 지속하기 어렵다. 매달 몇십만 원을 들여 트레이닝을 받거나 강제 없이는 어른도 스스로 하기 힘들다.

아이가 나의 기대와 계획에 보란 듯이 저항하는 건 어떻게 보면 너무도 다행이었다. 그 덕에 나는 아이의 미래를 기획하고 내가 원하는 목표로 이끌고자 하던 욕심을 버릴 수 있었다. 양육자로서 내가 할 일은 아이에게 최소한의 경계와 안전망을 제공하는 것이다. 그 안에서 아이가 좌충우돌하며 허비하는 듯이 보내는 시간이 어떤 결과를 가져올지 나도 모른다. 아이가 무엇이 될지도 모른다. 하지만 그런 생각은 한다. 아이를 어떤 모습으로 만들려고 하지 않을 때, 아이 스스로 무언가 해내지 않을까. 🐌

주체성 과잉의 시대를 살아가며

신 건 희

마케터로 일하며, 퇴근 후에는 글로 일상을 정확하게 표현하는 방법을
궁리한다. 일의 의미에 관해 묻는 『퇴근한 김에 퇴사까지』, 젊은 세대의
현실을 다룬 『MZ세대 수난기』를 썼다.

'나는 나로 살기로 했다'는 선언

2009년 한 연구팀은 한중일 3국의 대학생 462명을 대상으로 자신을 바라보는 관점인 자아관自我觀에 대한 심리학 연구를 진행했다.* 연구팀은 자아관을 크게 주체성과 대상성, 자율성의 세 가지 기준으로 분석했다. 주체성은 자신을 사회적 맥락 속에서 중심적 존재로 보는 관점이다. 반면 대상성은 사회적 영향력을 수용하는 주변적 존재로 여기는 경우다. 자율성은 사회에서 분리되어 자유롭게 행동하려는 태도를 말한다.

연구에 따르면 한국인(36%)은 일본인(16%)과 중국인(26%)보다 주체성이 높았다. 대상성이 두드러지는 일본인이나 높은 자율성을 가진 중국인과는 차이를 보였다. 이는 한국인이 사회적인 맥락 속에서 자아를 인식하고 있으며, 그 안에서 자신이 주인공이 되어야 한다는 생각을 강하게 품고 있음을 드러낸다.

이런 관점에서 보면 국내에서 트렌드가 된 주체성 담론은 새삼스러운 현상이 아니다. '나는 내 인생의 주인이 되어야 한다'는 주체성의 메시지는 일견 서양의 개인주의와도 궤를 같이한다. 결국 자아가 가장 중요하다는 일종의 선언이기 때문이다. 이러한 선언은 자신을 하나의 브랜드로 가공하는 퍼스널 브랜

● 한민 외, 「새로운 문화-자기관 이론의 국가 간 비교연구: 한국, 중국, 일본 대학생들의 자기관」, 한국심리학회지: 일반 28(1) 49-66, 2009.

딩이나 자존감과 관련한 일명 '힐링 콘텐츠'의 대량 생산으로
이어진다. '나'라는 글자에 방점이 크게 찍혀 있는 셈이다.

이런 현상은 30대 이하의 젊은 세대를 중심으로 더 공고히
자리 잡고 있다. 이들은 실제로 주체성과 관련한 콘텐츠를 활
발하게 소비하고, 개인주의적 메시지도 적극적으로 받아들인
다. 이는 이전 세대와는 다른 소위 'MZ세대'의 특성으로 여겨
지기도 한다. 다만 이들의 주체성은 서양에서 발현한 개인주의
와는 결을 달리한다. 서양의 개인주의는 사회보다는 개인의 독
립과 자립에 더 집중하는 반면, 한국에서의 주체성은 개인보다
거대한 사회를 인정하고, 그 안에서의 구심점을 찾는 이미지에
가깝다.

이민경 교수의 『불안한 어른』(북저널리즘, 2021)은 이 땅의 30
대가 겪고 있는 모순을 분명하게 짚어낸다. 민주화 이후에 교
육을 받은 30대는 민주주의와 개인주의의 수혜를 입고 자라왔
다. 하지만 사회에 진출하고 나서는 혼란에 빠지게 된다. 여전
히 기성세대 혹은 기득권을 중심으로 집단주의적 문화가 단단
하게 자리하고 있는 탓이다. 이런 상황에서 세상에 던져진 단
독자로서의 자아와 집단의 영향을 받는 자아가 충돌하게 된다.
이러한 충돌이 대외적으로는 분노로, 대내적으로는 불안의 감
정으로 나타난다. 지금의 30대를 지배하고 있는 하나의 감정이
있다면, 그건 불안일 것이다. 방황이 허락된 나이도, 안정적인

기반이 닦인 나이도 아닌 애매한 어른이기 때문이다. 청춘은 이런 혼돈 속에서 자신의 길을 찾아야 하는 과제를 안고 있다.

주체성 과잉은 어떻게 모두를 피곤하게 만드는가

오늘날 젊은 세대의 화두 중 하나는 '공정'이다. 이들이 윤리적으로 예민한 감수성을 지닌 탓도 있겠지만, 그보다는 자신이 세상의 중심이 되어야 한다는 이상과 그렇지 못한 현실 사이에서 느끼는 심리적 방어기제에 가깝다. 이들은 사회적 자원이 불공정하게 분배되는 상황을 쉬이 넘기지 않는다. 이는 청춘을 지배하는 외부적 감정, '분노'로 표출된다.

그렇다면 불안의 감정은 어떤 행위로 이어질까? 주체성 과잉이 갑질이나 특권 의식으로 발현되는 기성세대와 달리, 청춘이 가진 감정의 바늘은 내면을 찌른다. 평등에 대한 의식은 높은 반면, 사회적 권력에서는 소외되어 있기 때문이다. 이들은 무한한 경쟁에 시달리지만 공정성은 담보되지 않는 현실을 수시로 마주한다. 누군가는 사회 공동체를 향해 분노를 터뜨리지만, 대개의 청년들은 이런 현실을 타개하기 위해 개인적인 방식을 강구한다.

'갓생God生'으로 대변되는 혹독한 자기계발 내지는 자기착취는 가장 보편적으로 나타나는 현상이다. 비록 세상은 공정하지 않지만 최선의 노력으로 자본주의적 효용을 최대한 뽑아낸다는 전략이다. 이들은 새벽 일찍 일어나는 일명 '미라클 모닝 챌린지'를 매일 실천한다. 그리고 깨어 있는 동안 최대한 생산성 있는 시간을 보내기 위해 치밀한 계획을 세우고 치열하게 움직인다. 아예 마음이 맞는 사람과 소셜 미디어에서 만나 갓생 모임을 만들기도 한다. 갓생을 실천할 방법을 공유하고, 동기부여를 통해 동력을 얻기 위함이다.

문제는 이런 삶이 지속될 수 있느냐에 있다. 출간 직후 국내에서 큰 반향을 일으킨 한병철 교수의 『피로사회』(문학과지성사, 2012)는 끊임없이 자신을 착취하는 현대인의 자화상을 꼬집는다. 개인이 자신의 의지와 능력으로 무엇이든 할 수 있다는 대책 없는 긍정성이 퍼지면서 도리어 현대인에게 좌절감과 피로감을 뻐근하게 안긴다는 것이다. 기존 사회를 지배하던 종교, 민족주의, 정치적 이념, 전통사상 같은 거대 담론이 무너지고 주체성이 그 자리를 차지한 탓이다.

거대 담론에서 소외된 현대인은 어떤 가치를 믿고 살아가야 할까? 살면서 꼭 따라야 하는 법칙이 없다면 자기주도성은 어떤 의미를 가질까? 이런 상황에서 자본주의가 제시하는 욕망의 그림, 그리고 능력에 대한 낙관주의는 자기착취의 씨앗이 된다. 기존 질서에서 개인의 성취를 가로막던 계급이나 종교, 국가에 의한 억압 같은 거대한 장벽이 사라지면서 개인의 삶은 오롯이 개인의 책임으로 남게 되었다. 내가 무언가를 성취하지 못해도 원망할 대상이 없다. 오로지 '나'의 탓이기 때문이다. 주체성 과잉은 이러한 흐름의 산물이다. 불안의 감정도 마찬가지다.

이제 개인을 움직이는 사상은 자본주의적 규칙이다. 자본주의의 메시지는 단순하다. 더 많이 생산하고, 더 많이 구매하고, 더 많이 성장할 것. 이는 본디 이윤을 추구하는 기업에나 통용되는 규칙이었지만, 개인의 삶에도 자연스럽게 침투하게 되었다. 베스트셀러 서가를 가득 메운 자기계발 서적, 스펙을 쌓기 위한 구직자의 치열한 노력, 새벽 4시에 일어나는 '갓생' 모임원의 모습은 '상품으로서의 자아'라는 현실을 반영한다.

주체성 과잉이 빚어내는 모든 장면은 그 자체로 하나의 거대한 아이러니다. 세상의 주인공이 되기 위해 행했던 일이 결국 개인을 주체성에서 멀어지게 만들기 때문이다. 계발이니 스펙이니 하는 꼬리표를 자신에게 붙이는 건 사실상 대상화에 해당한다. 한 개인을 특정 목적을 위한 수단으로 삼는 태도를 대상화라고 한다면, 주체성 과잉으로 인한 자기착취는 선명한 형태의 대상화다.

대상화가 건드리는 실존적인 위기감을 애써 무시하더라도 문제는 남아 있다. 얼마나 성취해야 충분한 수준인지에 대한 사회적 합의가 없는 데다, 설령 많은 것을 가져도 더 가진 자는 얼마든지 있기 때문이다. 더구나 소셜 미디어에 접속하면 전

세계에 있는 사용자와 손쉽게 연결될 수 있다. 비교의 경계선은 끝없이 뻗어나간다. 이러한 비교는 꼭 경제적인 성과에만 국한되지 않는다. 외모, 팔로워 수, 사회적 관계망, 다채로운 경험 등 비교할 지표는 얼마든지 있다.

비교에서 자유롭기 위해서는 계속 더 많이 성취하거나, 혹은 일찌감치 기대감을 내려놓아야 한다. 둘 다 쉽지 않은 길이지만 후자는 적어도 불가능하지는 않다. 불교에서 말하는 열반의 경지까지는 아니더라도 힘을 빼고 현실을 긍정하는 건 얼마든지 가능하다. 긍정은 낙관과는 다르다. 낙관은 비관의 반대말로 세상을 밝고 희망적으로 보는 태도를 말한다. 긍정의 반대말은 부정이다. 이 둘의 차이는 수용에 있다. 눈앞의 현실이 어떠하든 있는 그대로 보고 수용하는 것, 그게 바로 긍정이다.

'얀테의 법칙'에서 힌트를 얻다

현실을 수용하는 태도가 극단으로 가면 포기로 이어진다. 연애, 결혼, 출생 등 생애 과업을 포기하는 일명 'N포 세대'가 등장한 지도 여러 해가 흘렀다. 직장에서 최소한으로만 일하면서 '조용한 퇴사'를 하기도 하고, 아예 구직을 단념하고 '그냥 쉰다'고 응답하는 청년도 65만 명을 넘었다. 한국사회의 집단주의적 담론은 여전히 청년 세대에게 사회 구성원으로서의 과업을 주문하지만, 정작 당사자는 그 장단에 어울릴 의지도 힘도 없다.

자기착취가 뜨겁게 불타오르다 번아웃으로 이어지는 이미지라면, N포 세대는 차갑게 얼어버린 이 시대의 우울을 상징한다. 이 두 장면의 온도는 각기 다르지만 실은 하나의 과정으로 이어져 있다. 공정이 무너진 무한경쟁 사회에서 최선을 다하다가 결국 무너져 딱딱하게 굳어버리는 그림이다. 0.6명대로 추락하는 합계출산율은 이러한 현실을 가장 극적으로 드러내는 지표다. 종의 번식이라는 생물학적인 본능마저도 포기하게 할 만큼 큰 실존의 위기를 겪고 있기 때문이다.

물론 주체성은 자아를 지키는 단단한 방어막이다. 문제는 균형에서 온다. 주체성 '과잉'은 타인을 업신여기게 만들고, 종국에는 좌절의 원인이 된다. 그렇다고 주체성이 '결여'되면 타인에게 휘둘리다 결국 자기 목소리, 자기 인생을 빼앗긴다.

서양에서는 이 문제를 어떻게 바라보고 또 해결하고 있을까? 지금에야 개인주의의 요람이 되었지만, 서양 역시 오랜 기간 동안 사회적 폭력과 긴밀하게 연결되어 있었다. 가까이는 20세기 전반기에 유럽 대륙을 휩쓸었던 파시즘이 있었고, 중세를 지배했던 종교 권력도 사회적 폭력의 대표적인 사례다. 물론 현대 서양에도 그 그림자가 여전히 드리워져 있다. 다만 프랑스혁명과 제2차 세계대전을 겪으며 개인의 권리와 평등에 대한 의식이 비약적으로 발전했고, 이를 수호하기 위한 사회체제를 갖추었다는 점 역시 고려해야 한다.

그중에서도 가장 참고할 만한 지역은 북유럽이다. 한국은 중국, 대만, 싱가포르와 함께 높은 수준의 집단주의 문화가 자리한 반면 스웨덴, 노르웨이, 덴마크와 같은 북유럽 국가는 개인주의 문화가 강한 편이다. 스칸디나비아 반도 국가를 관통하는 또 하나의 공통점이 있다면 그건 바로 평등주의다. 이들의 평등주의는 일명 '얀테Jante의 법칙'이라는 사회 규범으로 요약할 수 있다.

'얀테의 법칙'이라는 말은 노르웨이 작가 악셀 산데모세Aksel Sandemose의 소설 『도망자는 자신의 발자국을 넘어간다』(1933년)에 처음 등장하지만, 스칸디나비아 지역에선 아주 오래전부터 이어져온 관습적 규범 같은 것이다. 10가지 규칙으로 구성된 이 법칙은 '당신은 특별하지 않다'는 하나의 문장으로 요약할 수 있다. 이는 타인과 공동체에 대한 존중을 전제로 한다. 이러한 토양이 자아를 진정으로 지킬 수 있는 환경을 만들어낸다. 다른 사람을 존중하지 않는 사회에서의 주체성은 필연적으로 좌절감을 안긴다. 타인에 대한 존중은 주체성의 전제조건인 셈이다. 언뜻 궁합이 맞지 않아 보이는 개인주의와 평등주의가 부드럽게 섞일 수 있는 이유이기도 하다. 덕분에 북유럽은 현대 복지국가의 초석을 다질 수 있었다.

다만 얀테의 법칙 역시 북유럽 내에서는 거센 비판을 받고 있다. 지나치게 사회 구성원을 동질화하고, 공동체에 대한 희생을 은연중에 강요한다는 이유에서다. 그러한 희생이 있었기에 세계적인 수준의 복지 시스템을 제공할 수 있었지만, 동시에 이런 문화는 각자의 개성과 재능을 억누르기도 한다. 그럼에도 타인을 존중하는 마음에서 주체성 과잉의 문제를 해결할 단서를 찾을 수 있다는 점을 간과해서는 안 된다.

꼭 주체적으로 살아야 할까?

주체성 과잉의 해결이 타인에 대한 존중에서 출발해야 한다는 건 어쩌면 거대한 모순이다. 한편으로는 이 문제가 왜 한국사회에 광범위하게 퍼져 있는지, 왜 풀기가 어려운지를 분명히 드러낸다. 타인을 배제한 채 지나치게 자아에 매몰되어 있기 때문이다. 자아에 매몰되지 말라는 건 자신과 어느 정도 거리감을 두자는 말과도 같다. 자아와 주체성은 분명 나에게서 비롯된 것이지만, 동시에 이와 적절한 거리를 유지해야만 건강한 관계를 맺을 수 있다. 자아와의 거리두기를 통해 내가 어떤 감정인지, 어떤 상태인지를 아는 것 또한 메타인지의 영역이라고 할 수 있다.

내가 세상의 주인공이라고 느끼는 감정이 순간적으로 부풀어 오를 수는 있다. 메타인지가 있는 사람은 이런 상황에서 주체성이 너무 비대해지지 않게 조절한다. 특정한 감정이 지나치게 커지면 문제가 터져 나온다는 사실을 인지하고 있기 때문이다. 또한 타인 역시 나와 같은 감정을 가진 존재라는 당연한 사실 역시 알고 있다. 이러한 인식은 자연스럽게 존중의 마음으로 이어지고, 그것만으로도 많은 문제가 누그러든다. 내 삶의 주인공으로 살겠다는 태도에는 잘못이 없다. 다만 나와 타인, 주체성과의 거리감, 개인과 공동체 사이에서 균형감각을 유지해야 한다.

주체성은 인생을 이끌어가는 방식 중 하나일 뿐이다. '내'가 모든 걸 결정하지 못했다고 해서 잘못 산 인생도 아니고, 반대로 '내'가 모든 걸 주도했다고 성공한 인생도 아니다. 모두가 나를 외치는 시대, 중요한 건 내가 아니라 나의 알맞은 관계다. 나와 타인과 사회와의 알맞은 관계. 그 관계의 기반이 단단하게 다져진다면, 굳이 자기계발을 통해 나를 지키려 애쓰지 않아도 좋은 삶을 누릴 수 있다. 그들이 나의 선택을 존중하고 응원하고 지켜줄 테니까. 우리 모두에게는 서로가 필요하다는 것, 주체적인 삶 이전에 필요한 건 바로 이런 깨달음 아닐까. ▧

엄마표 자기주도성
다시 보기

이 설 기

《민들레》 편집위원. 지금, 여기의 육아 문화에 관심이 많은 양육자.
『부모 되기, 사람 되기』를 함께 썼고, 『엄마라는 이상한 세계』를 썼다.

여덟 살 민서가 놀러왔다. 민서는 내 초등학교 친구의 딸이다. 초등학생 시절 나와 친구가 서로의 집에서 자주 시간을 보냈던 것처럼, 한 살 터울인 나의 아이와 민서도 서로의 집을 오가며 논다. 오늘 두 아이는 식탁 밑에 아지트를 꾸미느라 바쁘다. 안방에 있는 이불을 끌고 와 식탁 밑에 펼치고, 창고에서 이불을 더 꺼내와 식탁 위를 덮었다. 커튼이 쳐진 작은 집 같다. 소꿉놀이 장난감을 식탁 아래로 가져와 밥을 하네, 반찬을 만드네, 난리법석을 떤다.

잠시 후 식탁 밑 아지트는 별안간 병원이 됐다. 통에 모아둔 구슬이 사탕이라더니 이제는 약이란다. 둘은 종이를 잘라 약봉지와 처방전을 가득 만들고는, 키득대며 나를 부른다. "이설기 환자분, 들어오세요!" 둘은 빨대 청진기로 나를 진찰하더니 '배에 빵꾸가 뚫렸다'는 진단을 내린다. 밥을 잘 먹어야 한다며 식판에 장난감을 내오고, 밥 먹고 30분 후에 먹으라며 약도 준다. 진단명은 갈수록 추가되었다. 열이 30도(?) 가까이 나고 있으며 다리가 부러졌고 머리에 염증이 생겼단다.

병원 놀이가 시들해지자, 둘은 바닥에 엎드려 각자 그림을 그린다. 간만에 조용한 시간. 민서는 주위를 독서실처럼 꾸미고는 시를 쓴다며 종이에 뭔가 적기 시작한다. 한글을 모르는 나의 아이도 지렁이인지, 고대 이집트 상형 문자인지, 암튼 뭔가를 끄적인다. 각자 쓴 걸 서로 주고받고, 또 주고받는다.

놀았던 것 좀 치우라고, 엄마 찾지 말고 둘이 놀라고 타박도 하지만 나는 아이의 놀이를 지켜보는 시간이 좋다. '식탁 밑 아지트' 같은 무용한 것을 만들기 위해 몰입할 때, 스스로 만든 작은 세계를 바라보며 뿌듯해 할 때, '뭐 또 재미있는 거 없을까' 궁리하느라 두 눈이 반짝일 때, 내게도 아이의 생기가 전달되는 것 같다.

'엄마표 ○○'라는 이상한 세계

하지만 이런 놀이의 장면은 우리 사회에서 오래 지속되기 힘들다. 아동학자들은 놀이의 조건으로 무목적성, 자발성, 아동 주도성을 든다.● 아동 스스로 내부적 목적과 내적 동기를 가지고 자발적으로 놀이의 시작과 끝을 정할 수 있을 때, 그것이 '놀이'라는 것이다. 이 정의에 따르면 외부적 목적과 그 목적을 위해 계획된 일련의 과정들은 놀이라고 보기 어렵다.

인터넷에 '놀이'를 검색하면 일상에서 쉽게 구할 수 있는 재료를 활용한 '엄마표 놀이' 정보가 넘쳐난다. 쌀이나 미역, 두부

● 김명순, 「아동 놀이정책 수립을 위한 연구」, 보건복지부 · 연세대학교 연구처/산학협력단, 2017, 32쪽.

등으로 하는 촉감 놀이, 밀가루 반죽 놀이, 쌀이나 콩을 활용한 마라카스 만들기…. 이런 놀이로 대근육과 소근육, 인지 발달을 촉진하고 엄마와의 애착을 효과적으로 형성해 아이가 정서적 안정을 느낄 수 있다는 것이다. 사실 나도 해봤다. 엄마표 놀이. 아이와 할 만한 놀이를 인터넷에서 검색하고, 문방구나 마트에 가서 필요한 재료를 구입하고, 아이가 호응할 만한 타이밍을 잡아 실행하는 일은 쉽지 않았다. 발달 촉진이라는 목적을 감추기 위해서는, 발달 촉진 활동을 '놀이인 듯' 보이기 위해서는 생각보다 많은 노력이 필요했다. 정작 아이는 시큰둥했다. 의도를 알아채고 급격히 흥미를 잃은 듯한 검은 눈동자 앞에서 나도 모르게 화가 났다. '내가 어떻게 준비했는데!'[*]

아이가 자라는 과정에서 '엄마표 ○○'은 끝이 없다. 20여 년 전부터 유행하기 시작한 '엄마표 영어'는 사교육 기관이 아닌 가정에서 자연스러운 노출을 통한 영어 습득을 목표로 한다. 하지만 자녀의 흥미와 영어 콘텐츠의 자연스러운 노출을 강조하는 엄마표 영어에도 엄연한 프로그램이 있다. 자녀의 단계에 맞춰 영어 원서와 DVD를 구비하고, '집중 듣기'를 할 수 있는 시간과 장소를 정하고, '흘려 듣기'를 할 수 있도록 끊임없이 영어 음원을 틀고, 이를 실천할 수 있는 루틴을 만들고… 놀이의

● 이설기, 『엄마라는 이상한 세계』, 오월의봄, 2024, 32-38쪽.

목적을 가지되 목적을 감춘 엄마표 놀이처럼, 자녀의 영어 선생님이되 영어 선생님임을 감춘 엄마표 영어의 세계는 '외부적 목적을 들키지 않고 얼마나 자연스럽게 감추는가'의 싸움이 된다. 이 싸움에서 아이의 자발성이 발휘되기는 쉽지 않다.

최근 들어서는 '엄마표 코칭'도 유행이다. 코칭이 스스로 답을 찾아갈 수 있게 돕는 과정이라며 아이의 자기주도성을 더욱 강조한다. 그러나 엄마표 코칭 역시 학습, 독서, 진로 등의 분야에서 (구체적인 목표는 아이 스스로 정한다고 할지라도) 바람직한 성장의 방향을 전제하고 지도한다는 점에서 다른 엄마표 ○○과 큰 차이가 없다.

'그러니까 왜 그걸 엄마가 해야 하는데?'라는 질문에 답하지 않은 채 엄마표 ○○은 자녀가 사회적 지위를 확보할 수 있도록 돕는 것이 엄마의 역할이라는 성별 이분법 강화, 패스트푸드점의 운영 원리인 '효율성 계산·가능성 예측·가능성 통제'가 사회 전반을 지배하는 '맥도날드화'[●] 현상 등과 뒤엉켜 육아 문화의 한 축을 이루고 있다.

엄마표 ○○이 유행하고 자녀교육이 과열되는 현상에 대한 비판의 목소리도 만만치 않다. 아이 곁을 맴도는 '헬리콥터 부모'나 '드론 부모', 아이 주변의 잡초를 제거해주는 '잔디깎이

● 조지 리처, 『맥도날드 그리고 맥도날드화』, 김종덕 외 옮김, 풀빛, 2017.

부모' 등의 신조어는 이러한 과잉양육이 자녀의 자기주도성을 억압하는 것에 대한 문제의식을 담고 있다. 자녀를 성공적인 사회인으로 만들기 위해 애쓰는 이러한 양육 방식이 정작 성공적인 사회인의 필수요소인 자기주도성을 위협한다는 것이다. 오늘날 많은 육아서가 과잉양육을 질타하며, 부모의 자성을 촉구한다. 스탠포드대학교에서 학생 지도 상담을 담당했던 줄리 리스콧-헤임스가 쓴 책의 한국어판 제목 『헬리콥터 부모가 자녀를 망친다』*는 이러한 문제의식을 직접적으로 드러낸다.

자기주도성, 그게 뭔데?

지금과 같은 양육 환경에서 아이의 자기주도성이 꽃피기 어렵다는 것은 명확하다. 앞서 언급한 조지 리처와 줄리 리스콧-헤임스부터 『도둑맞은 집중력』의 저자 요한 하리에 이르기까지, 여러 연구자들이 충분한 놀이와 몰입, 체계적인 계획과 관계없는 자유시간을 대안으로 제시한다. 나 역시 글의 서두에서 언급한 놀이의 장면이 '진정한' 자기주도성을 살리는 길이라고 주장하며 글을 마치고 싶은 유혹을 느낀다.

하지만 많은 경우 부모의 문제(과잉보호, 지나친 교육열, 아동 방

● 원서 제목은 『How to Raise an Adult: Break Free of the Overparenting Trap and Prepare Your Kid for Success』(2015년)이다.

치…)는 세상의 문제(아동 대상 사건 사고의 증가, 일자리 경쟁 심화, 사회안전망의 부재…)이기도 하며, 육아 전문가가 자주 저지르는 실수는 세계의 문제를 부모의 문제로 섣부르게 환원하는 것 아닌가. 나는 세상의 문제를 부모의 문제로 환원하는 쉬운 길을 택하기보다는, 애초에 자기주도성이라는 개념에 실패가 예정되어 있음을 지적하고 싶다.

먼저 꿈틀대는 물음은 이거다. 자기주도성, 그게 대체 뭔데? 자기주도성이라는 단어에는 4차 산업혁명, 인공지능 시대, 창의융합형 인재 등의 단어가 비엔나 소시지처럼 줄줄이 따라온다. 이 단어들은 내 아이도 스티브 잡스나 일론 머스크처럼 키울 수 있다는 기대감에 부풀게 하지만 그 뒷면에서는 신자유주의의 냉혹한 냄새를 풍긴다. 신자유주의는 교육이나 보건, 복지 등 사회의 모든 영역을 기업화(enterprising)하는 데 그치지 않고, 그 안에서 살아가는 주체를 기업가적 주체(entrepreneur) 혹은 기업가적 정신(entrepreneurial spirit)에 따라 살아가도록 한다.*

신자유주의 시대의 개인은 시장 원리와 경쟁 논리를 내면화해 스스로를 인적 자본의 관점에서 바라보는 자기 자신의 기업가가 되어야 한다. 많은 연구자들이 지적하듯이 오늘날 교육 분야에서 자기주도성이 강조되는 흐름에는 획일적 교육이나

● 김민정, 「'역량기반' 대학교육의 통치성에 대한 비판적 고찰」, 《사고와 표현》, 12(1), 195-220, 2019, 212쪽.

입시위주 교육에 대한 문제의식만이 아니라, 구조적 안전망 대신 개인의 책무성을 강조하는 신자유주의적 시대 정신이 흐르고 있다.

학교현장에 기업가 정신을 교육하는 곳이 늘어나고 대학마다 창업 동아리가 활발하게 활동하지만, 창의와 혁신으로 무장한 '나-주식회사' CEO로 살아가는 일은 쉽지 않다. 한 스타트업 전문가는 창업의 가장 중요한 자질이 '문제와 사랑에 빠지는 것'이라고 말한다. 나도 이런 자질을 가진 사람을 여럿 알고 있다. 문제와 사랑에 빠져버린 사람, 어쩔 수 없는 일이라며 쉽게 포기하지 않는 사람, 식사를 거르고 밤을 새워서라도 길을 찾아가는 사람, '안 되면 되게 하라'고 말하는 사람…. 이런 사람은 사회에 필요하지만, 모두가 그렇게 살 수는 없으며 그럴 필요도 없다.

과열되는 자기주도성, 억압되는 자기주도성

또 다른 문제가 있다. 우리 사회는 자기주도성을 이상적인 가치로 추앙하지만, 이 자기주도성은 제한된 범위 내에서만 통용된다. 전면화된 시장 원리와 경쟁 논리에 의해 구조화된 가능성 안에서의 자기주도성, 그러니까 많은 돈을 벌거나 공공의 변화를 이루는 등의 가시적인 성과가 있는 자기주도성만 환영

받을 수 있는 것이다. 명문대를 휴학하고 오지로 떠난 스토리를 바탕으로 유튜버가 되거나 대기업을 때려치우고 스타트업을 세우는 자기주도성은 상상하지만, 자기만의 스토리를 브랜딩하는 것을 거부하거나 중소기업의 성실한 평사원으로 살아가기를 선택하는 자기주도성은 상상하지 못한다.

양육자들이 여전히 자녀 주위를 빙빙 돌기를 포기하지 못하는 이유 역시, 사회에서 떠드는 자기주도성이 제한된 범위 내에서 통용되는 개념이라는 걸 간파한 때문은 아닐까? 오늘날 육아 문화는 창조적이고 혁신적인 자기주도적 인재를 키우라고 양육자를 닦달하면서도 '학군지 아이들이 순하다'는 말로 부모에게 순종적이며 큰 사건 사고를 일으키지 않는 중산층 아이들을 예찬한다.

양육자들 역시 이유식 단계에서 아이 스스로 손으로 집어먹을 수 있도록 '아이주도 이유식'을 준비하고 자녀의 자율성을 존중하기 위해 저녁식사 메뉴를 무엇으로 할지, 여름휴가는 어디로 갈지 등에 선택권을 주지만, 엄마표 ○○의 프로그램에 아이를 몰아넣은 채 자유로운 놀이 시간은 충분히 허용하지 않는다. 자녀가 '남들과 다른' 자기주도적 인재가 되기를 원하면서도, 한편으로는 '학군지에서 순하게' 자라기를 원하는 양육자들의 욕망은 모순적으로 보이지만, 그렇지 않기도 하다. 국가와 자본이 요구하는 자기주도성은 키우되 이에 예속되지 않는 자기주도성, 지배 질서에 의문을 던지고 현실에 새로운 상상력을 발휘하는 자기주도성은 허용하지 않는다는 점에서 나름의 일관성이 있다고도 볼 수 있기 때문이다.

우리 사회에서 자기주도성이라는 개념은 자기계발, 기업가 정신, 퍼스널 브랜딩, 1인 브랜드 등의 단어로 끝없이 확장되는 동시에 해방적 잠재력과 자유의 측면을 억압하는 방식으로 축소되고 있다. 그 결과 양육자들은 잔뜩 부풀려지면서도 쪼그라든 자기주도성을 좇느라 우왕좌왕하고, 아이들은 '자기주도적으로' 부모와 사회의 기대에 부응하기 위해 오늘도 바쁜 하루를 보내고 있다. ◼

주체적으로 산다는 것

현 병 호

《민들레》 발행인 『스스로 서서 서로를 살리는 교육』, 『반지성주의보』를 썼고
『소통하는 신체』, 『마지막까지 살아남은 사람』 등을 우리말로 옮겼다.

교육에서 학습자의 자발성, 자율성이 주목받기 시작한 것은 3백여 년이 채 되지 않는다. 18세기 중반, 아동의 흥미와 특성을 고려하지 않는 억압적인 교육을 비판하며 아이들의 개성과 발달단계에 따른 교육을 주장하는 이들이 나타나기 시작했다. 루소는 아동의 본성에 기반한 자기주도적 경험을 강조하며 경험의 주체가 곧 배움의 주체이자 삶의 주체가 된다고 보았다. 자발적 경험을 중시하는 이러한 경향은 20세기 초반 존 듀이에 이르러 경험주의 또는 실용주의 교육론으로 집대성된다. 학습자는 경험의 재구성을 통해 성장해가는 주체이며, 교사는 학습자가 의미 있는 경험을 할 수 있도록 돕는 촉진자이자 조력자가 되어야 한다고 듀이는 말한다.

20세기 후반, 절대적 진리는 없으며 지식을 개인의 경험에 의해 새롭게 구성되는 것으로 보는 구성주의 관점, 개성과 자율성 그리고 다양성을 중시하는 포스트모더니즘 또한 개인의 주도성을 강화하는 데 적지 않은 영향을 미쳤다. 이처럼 자기주도성 담론은 18세기 이래 3백여 년에 걸쳐 서서히 확산되어 온 것으로, 민주주의나 자본주의와도 궁합이 맞았다. 개인의 판단과 자유로운 의사표현을 옹호하는 민주주의와 자유로운 시장을 전제로 하는 자본주의는 개개인의 자기주도성에 대한 믿

음을 토대로 한다. "네 생각대로 해"라며 개인들의 자율적 판단
에 의한 소비를 부추기는 광고처럼 자본은 사람들이 스스로 자
율적인 인간이라 믿도록 만든다. 민주국가는 시민들의 자율적
인(?) 판단에 의한 선거를 토대로 한다.

　개인의 역량처럼 보이는 자기주도성 또는 자율성은 국가와
의 관계에서는 또 다른 의미를 띤다. 아이들의 자율성을 함양
하고자 하는 교육목표를 갖고 있는 국가가 추구하는 것은 무엇
일까? 자율성과 창의성 같은 역량을 키우고자 1995년 김영삼
정부가 단행한 5.31교육개혁은 1996년 경제협력개발기구
(OECD) 가입과 세계화 전략에 부응하기 위한 조치였다. 1997년
에 나온 7차 교육과정은 "국가수준의 공통성(보편성)과 지역 학
교 개인수준의 다양성(개별성)을 동시에 추구하며 학습자의 자
율성과 창의성을 신장하기 위한 학생 중심의 교육과정"을 천명
하고 있다. 이 교육과정은 여러 차례 개정되었지만 현재까지
공교육의 뼈대를 이룬다.

　국가수준의 교육정책은 경제정책에 종속되기 마련이다. 수
출위주 경제정책을 추진해온 한국은 세계경제 흐름에 더욱 민
감한 구조여서 경제의 변화에 따라 교육의 흐름이 바뀌어왔다.
1980년대 이후 세계경제를 지배해온 신자유주의는 지금도 우
리 사회 전 분야에 영향을 미치고 있다. 개인의 주도적 선택을
강조하며 정부의 규제를 줄이고 시장의 자율에 맡기면 경제가

발전하고 국민의 복지도 높일 수 있다고 주장하는 신자유주의는 우파와 좌파 정부를 가리지 않고 스며들었다. 이처럼 신자유주의가 대세가 되는 데는 OECD라는 국제기구의 역할이 적지 않게 작용했음을 눈여겨볼 필요가 있다.

서방국가의 안전보장기구인 북대서양조약기구(NATO)의 경제 분야 파트너로 1961년 발족한 OECD는 1990년대 이후 경제를 넘어 세계 각국의 교육에 적지 않은 영향을 미치고 있다. 각국의 교육정책 수립에 기초자료를 제공하기 위해 1997년부터 3년마다 실시하는 PISA(국제학생평가) 또한 OECD가 주최하고 있다. 만 15세 학생들을 대상으로 읽기, 수학, 과학 능력을 평가하는데, 그 평가 결과와 순위는 회원국뿐만 아니라 비회원국들에서도 중요한 지표로 작용한다. 사실상 PISA를 통한 교육의 세계적 표준화가 진행 중이다. OECD는 2002년에 교육국을 설치하여 교육과 노동시장, 경제를 결합하는 작업을 꾸준히 추진해오고 있다.

신자유주의의 등장과 함께 더욱 주목받기 시작한 평생학습 담론은 유네스코(UNESCO)의 인본주의 관점에서 1990년대 이후 OECD의 인적자원 개발 중심의 신자유주의 관점으로 변화해왔다. 5.31교육개혁에 이어 김대중정부 들어 교육부 명칭이 교육인적자원부로 바뀐 것 또한 그 연장선으로 볼 수 있다. 최근 주목받고 있는 역량중심 교육도 다르지 않다. 창의력, 논리적 사고력, 문제해결 능력을 중심으로 하는 '역량'은 OECD가 정의하는 인간자본의 핵심 개념이다. 창의력과 사고력 같은 학습자의 역량을 높임으로써 생산성을 높이고 이는 곧 국가경쟁력을 높여 GDP 상승으로 이어질 것이라고 보는 것이다. 좌우를 막론하고 국가수준 교육의 주된 목표는 아이들의 성장보다 경제의 성장이다.

개인의 경쟁력이 곧 국가경쟁력이 된다고 믿는 것은 국가가 잘되는 길이 개인이 잘되는 길이라는 믿음만큼이나 근거가 없다. 다국적기업의 유능한 직원은 어느 국가의 경쟁력에 도움이 될까? 기업의 경쟁력을 국가경쟁력이라고 보는 것도 위험하다. "기업은 서로 경쟁하지만 국가는 그렇지 않다. 이 둘을 혼동하는 것은 엄청난 혼란을 부르는 지름길이다."● 국가는 기업처럼 이윤을 추구하는 집단이 아니라 공동체의 지속가능성을 담보하기 위한 장치다. 국가 재정 운영의 목표는 세금을 적절히 분배하여 사회가 매끄럽게 돌아가도록 만드는 것이다. 기획재정부의 대차대조표 결산 항목은 제로가 되어야 한다.

역량 있는 개인이 생산성도 높고, 이런 개인들이 늘어날수록 사회 전체의 생산성도 높아질 거라는 계산은 간단한 일차방정

●『자본주의를 의심하는 이들을 위한 경제학』에서 저자 조지프 히스는 작은 정부와 자유방임적 경제를 지지하는 우파의 단순무식함을 비판하면서 또한 대책 없이 자본주의를 폄하하는 좌파의 신념에 찬 오류를 짚는다.

식이다. 사회가 이처럼 간단한 방정식으로 돌아간다면 사회과학이라는 학문이 굳이 존재할 이유가 없을 것이다. 인간사회라는 복잡계는 간단히 풀 수 있는 방정식이 아니다. 빈국의 노동자를 돕고자 하는 공정무역은 가격을 왜곡시킴으로써 공급 과잉을 불러와 빈자들에게 더 큰 피해를 입힌다. 집값을 잡고자 신도시를 개발하지만 신도시의 토지보상비가 투기자본이 되어 집값을 더욱 부추긴다. 자율성을 강조하는 신자유주의식 정책은 빈익빈부익부 현상을 가속시킴으로써 사회불안을 야기할 가능성이 높다.

학습자 중심과 수요자 중심

한국처럼 교육이 사적 욕망을 추구하는 방편이 된 사회에서 자율화는 곧 서열화로 귀결된다. 교육 영역에서 자율화는 교사와 학교의 자율성을 높이는 것인 반면 경제 영역에서의 자율화는 규제 완화로 통한다. 정부의 규제를 최소화하고 기업의 자율성을 강화하는 신자유주의는 교육 영역에서 다양성의 이름으로 개별 학교의 자율성을 보장함으로써 국제학교와 자립형 사립학교 같은 수요자 중심의 교육환경을 만든다. 대안학교 또한 의도치 않게 이러한 흐름에 일조하고 있다.

신자유주의 맥락에서 국가의 개입을 최소화하고 개별 학교와 학습자의 자율성을 보장하는 것은 학교와 개인도 기업처럼 자신의 선택에 스스로 책임을 져야 한다는 '책무성의 개별화'로 어어진다.[•] 개개인은 무한경쟁 사회에서 스스로 문제를 해결하기 위해 자기 관리 능력을 갖추고 그 결과에 책임을 져야 하며, 학교는 수요자의 요구에 맞춰 서비스를 제공하고 좋은 평가를 받기 위해 노력해야 한다. 신자유주의 흐름을 타고 학습자 중심 원리가 수요자 중심 원리로 변하면서 아이들의 성장에 적신호가 켜졌다.

교육이 서비스가 되고, 부모와 학생이 '고객'이 되면 교육도 배움도 가능하지 않다. 마트에 들어갈 때와 나올 때의 고객은 (손에 뭔가가 들려 있을 뿐) 같은 사람이지만 배움터에 들어갈 때와 나올 때의 학생은 같은 사람이 아니다. 만약 같다면 그는 아무것도 배우지 못한 것이다. 마트는 화폐를 지불하고 뭔가를 사서 나오는 곳이지만 배움터는 사람이 바뀌는 곳이다. 배움의 본질적 속성이 자기 한계를 넘어서는 데 있다고 볼 때 '학습자 주도성'이 과연 배우는 이를 깊은 배움의 세계로 인도할 수 있을지 의문이다.

교육을 서비스로 보는 시각은 마치 마트에서 돈을 내고 물건을 사듯 학교에 학비를 지불하고 졸업장을 손에 쥐고 나오는

● 남미자 외, 『학습자 주도성, 미래교육의 거대한 착각』, 경기도교육연구원 기획, 학이시습, 2021, 50쪽.

것으로 생각하게 한다. 무상인 공립학교보다 비싼 등록금을 내는 사립학교 졸업장(졸업장이 상징하는 무형의 자산, 곧 인맥과 학력, 학벌 등)의 가치가 더 높게 매겨진다. 이러한 등가교환 시스템에서는 같은 화폐 가치를 갖는 상품이나 서비스가 대등한 가치를 가진 것으로 간주되고, 더 나아가 거래하는 사람도 서로 대등한 존재가 된다. 소비자 마인드를 갖고 있는 학생이 교사와 맞먹게 되는 것은 필연이다.

경제는 등가교환의 원칙으로 작동하지만 교육은 증여의 원리로 움직인다. 스승과 제자의 '만남'은 돈으로는 살 수 없는 무엇이다. 살 수 있다면 거기에 교육적 만남은 일어나지 않을 것이다. 등가교환 심리로 연애를 할 때 거기에 사랑이 깃들 수 없는 것과 같다. 상대방이 준 만큼 나도 주겠다거나 내가 준 만큼 받아야겠다는 사람은 끝내 사랑이 무엇인지 알지 못할 것이다.(오늘날 젊은 커플들이 쉽게 헤어지는 까닭도 그런 심리 때문일지 모른다.) 돈을 지불하고 족집게 강의 서비스를 구매하는 데 익숙한 이들, 학원비가 비쌀수록 족집게의 정확도가 올라가는 걸 경험한 이들이 증여의 원리를 이해하기란 힘들다.

등가교환의 세계가 '그러므로'의 세계라면 증여는 '그럼에도 불구하고'의 세계다. 부모와 자식, 스승과 제자, 연인의 관계는 법칙, 법률이 아니라 사랑으로 작동하는 관계다. 수요와 공급의 경제 법칙을 교육에 적용하는 우를 범해서는 안 된다. "앞으로 무엇을 배울지 알 수 없는 시점에, 무엇을 가르쳐줄지 알 수 없는 사람 밑에서, 무언지 알 수 없는 것을 배우는 '개방적이고 역동적인' 배움의 구조 속으로 들어갈 때 성장이 일어난다"는 우치다 타츠루의 말은 배움의 역설을 말해준다.

입시에 유리한 과목을 선택해서 학점을 올리는 것이 자기주도적인 배움일까? 스스로 학점과 스펙을 관리하면서 좋은 대학에 들어가고 좋은 직장을 다닐 수 있도록 돕는 것이 교육의 목적이라면 그런 학습을 강조하는 것이 맞을지 모른다. 고객이 원하는 서비스를 고르듯 입맛에 맞는 과목을 선택하는 것은 언뜻 자기주도적인 행위인 듯 보이지만 사실은 주어진 선택지들 가운데서 고르는 일이다. 그 삶의 실상이 경쟁을 '당하고' 의사결정을 '당하며' 사는 것이라면 그 자기주도성은 허구일 가능성이 높다. 자본과 국가가 만들어낸.(그러나 거기에 악의는 없다. 복잡계가 빚어내는 삶의 아이러니가 있을 뿐.)

능동성과 수동성

많은 부모들이 시키지 않아도 자녀가 스스로 알아서 (공부)하기를 바라 마지않는 까닭은 자기 삶을 능동적으로 꾸려가는 사람으로 자라기를 바라서일 것이다. 국가적 차원에서 아이들의 자기주도성을 강조하는 까닭은 창의적인 인적자원을 원하기 때문이다. 굴뚝산업이 저물고 정보산업이 발달하면서 창의성이 경제의 중요한 덕목이 되어 자기주도성 담론이 횡행하고 있지만, 그 실상을 들여다보면 북녘의 주체사상만큼이나 근거가 부실할뿐더러 변질될 가능성도 높다. 루소와 레닌의 사상을 짜깁기한 인민 주체성 담론이 김일성 부자의 권력을 정당화하는 데 이용되었듯이, 소비자의 주체성은 자본가의 이익에 복무하기 십상이다. 자기주도적 학습 또한 학습을 개인의 책임으로 돌리는 능력주의 담론으로 이어지기 쉽다.

창의성이나 주체성이란 것은 한 개인의 자질이라고 말할 수 없는 무엇이다. 창의력은 내 안에서 자가발전되는 것이 아니라 주변 환경과 상호작용하는 가운데 솟아난다. 노는 물이 중요하다는 말이다. 운동선수의 기량도 팀에 따라 달라지듯이 환경과의 교감이 중요하다. 바둑에서 상대가 좋은 수를 두면 이쪽도 그 영향을 받아 좋은 수를 두게 된다. 고수들은 그렇게 서로 주거니받거니 하며 대국을 완성해간다. 모든 과학적 발견이 알고 보면 집단지성의 산물인 이유이기도 하다.

개인의 주체성을 강조하는 것은 원자론적 세계관에 갇혀 있는 것이다. 만물은 고립된 원자로 존재하는 것이 아니라 양자적 존재다. 관계가 존재를 결정한다. 주체성을 강조하는 문화에서는 '수동성'을 부정적인 것으로 여기기 쉽지만, 사실 우리네 삶은 능동적이기보다 수동적으로 이루어진다. '생로병사' 자체가 수동적으로 일어나는 일이다. 알고 보면 우리가 걸음을 걷는 것도 수동적인 행위다. 언뜻 스스로 다리 힘을 써서 걷는 것처럼 보이지만 사실은 지구의 중력 덕분에 걷게 된다.● 수동성의 원리를 터득하면 힘들이지 않고 걸을 수 있게 되고, 오래 걸어도 쉬 지치지 않는다.

능동성은 더 많은 에너지를 필요로 하므로 쉽게 방전된다. 학습에서 동기를 강조하는 것은 능동적인 태도를 기대하기 때문이지만 동기의 에너지는 지속되기 어렵다. 자기주도적인 학습이 힘든 이유다. 동기부여가 되었다 해도 작심삼일이 되는 까닭은 의지력이 약하기 때문이 아니라 의지력에 기대기 때문이다. 반면, 습관은 뭔가를 하고 또 해서 관성의 힘이 작동하는 상태다. 동기의 에너지로 시동을 건 다음 습관의 에너지로 갈아탈 수 있어야 한다. 날마다 정해진 시간에 정해진 장소에 자리 잡고 공부를 하면 몸과 뇌가 그 패턴에 적응해 힘들이지 않고 계속할 수 있게 된다. 그런 습관의 틀을 제공하는 것이 배움터의 중요한 역할 중 하나이기도 하다.

진정한 주체성은 능동적이기보다 수동적이다. 주변 세계와 긴밀하게 연결되면 자신에게 주어진 역할에 충실하게 된다. 그

● 한쪽 다리에 체중을 싣고 몸의 무게중심을 앞쪽으로 기울이면 중력에 의해 고관절에 매달린 다른 쪽 다리가 저절로 앞으로 나가면서 걸음이 시작된다. 그리고 관성력과 중력가속도의 힘, 반작용의 힘이 작용해서 다음 걸음이 저절로 이어진다.

삶은 얼핏 능동적인 삶 같지만 깊이 들여다보면 수동적인 삶이다. 달리 길이 없기에 그 길을 걸을 따름이다. 수동성의 원리로 움직이면서 능동적인 태도를 견지하는 것이 삶의 기술이다. 아이들이 주체적으로 살길 바란다면 세상과 겉돌지 않고 긴밀하게 연결될 수 있도록 도울 일이다. 연결되면 에너지가 전달되고, 물이 흐르듯 아이들도 움직이게 된다.

주체적인 사람은 주변의 눈치를 보는 것이 아니라 눈치를 채고 먼저 행동한다. 후수를 두는 것이 아니라 선수를 친다. 가족이든 학교든 국가든 자신이 속한 공동체의 일원으로 자신을 자각할 때 주체성을 갖고 행동할 수 있다. 자신이 주체임을 자각하면 널려 있는 쓰레기를 지나칠 수 없듯이, 스스로 공동체에 뭔가 기여할 수 있는 가능성을 보게 되면 자신에게 주어진 역할을 기꺼이 하게 된다. ■

자기주도학습이 안 되는 건
아이들 탓이 아니다

이 찬 승

비영리 공익단체 '교육을 바꾸는 사람들' 대표. 수업혁신과 교육격차 완화를
위해 학습과학의 연구와 전파, 교원 연수 등에 힘쓰고 있다. 이 글은 온라인
교육저널 《교육 제4의 길》에 발표한 여러 편의 글을 정리한 것이다.
전문은 21erick.org에서 확인할 수 있다.

자기주도학습의 개념

우리나라는 자기주도학습을 '다른 사람의 도움 없이 혼자서 하는 학습' 정도의 자율학습 형태로 인식하는 경우가 많다. 자기주도학습에 대한 정의가 부실하면 그 능력을 가르치는 일 역시 부실해질 수밖에 없다. 자기주도학습을 '다른 사람의 도움 없이 혼자서 하는 학습'으로 잘못 정의해버리고 나면 학습 격차의 책임이 오롯이 학생에게 전가되기 쉽다. 코로나 원격수업 중에 중하위권 학생들의 성적이 더 떨어진 것을 "스스로 학습하는 능력이 부족해서"라며 학생 책임으로 돌리듯이 말이다.

1970년대 본격적으로 등장한 자기주도학습이라는 용어는 전통적인 학교 환경 밖의 사회교육이나 성인의 학습활동을 의미했다. 영어권의 '자기주도학습self-directed learning'에 관한 글을 봐도 대부분 대학을 포함한 성인교육에 관한 것이다. 우리나라는 성인교육에 사용되던 자기주도학습 개념을 초중고 과정의 제7차 교육과정에 그대로 도입하는 우를 범하면서 오늘날 용어의 혼란을 가져왔다. 이런 점을 고려할 때 초중등 학교교육에서 학생들에게 자기주도학습이라는 용어를 사용하는 것은 적절치 않다고 볼 수 있다.

발달과정상으로도 초중고 학생들에게 안내나 지원 없이 자기주도학습을 기대하는 것 자체가 무리다. 이성을 관장하는 전두엽은 23~24세까지 발달한다. 뇌 발달 단계로 보면 초등학생은 사소한 일상도 제대로 챙기기 쉽지 않은 나이인데 어떻게 그들에게 온전한 자기주도학습을 기대한단 말인가? 전두엽이 다 발달한 성인도 쉽지 않은 일이다.

자기주도학습의 의미에 대한 오해도 크지만 학생이 자기주도학습자로 성장하기 위한 여건 역시 매우 나쁘다. 중고등학생 정도면 (개인 간 다소의 차이를 고려하더라도) 일정 수준의 자주성과 독립성, 개인적 조절능력을 갖출 수 있는 나이인데, 배울 내용을 국가가 정해놓고, 수업도 교사가 주도하는 학습환경이 이런 능력을 발휘할 기회를 충분히 제공하지 못하고 있다. 특히 아이들이 시행착오를 겪으며 스스로 해결할 수 있도록 기다려주지 않는다. 이런 상황에선 학생들이 선택과 책임의 기회를 충분히 갖기 어렵고, 자발적인 공부 습관을 기르기도 힘들다. 한국 학생들의 자기주도학습 능력이 떨어지는 것은 학생 탓보다는 제도와 환경의 영향이 더 크다고 하겠다.

학생 스스로 계획을 세우고, 실행하고, 성찰하는 학습이 가능하려면 교사의 역할이 중요하다. 자기주도학습 기회를 제공하는 수업 설계, 시범, 방법 지도, 피드백, 배경 지식의 제공 등 세밀한 개입이 필요하기 때문이다. 표준화된 교육과정에 따라 교사가 수업을 주도하는 여건에서 자기주도학습이 주류가 되기는 어려운 면이 있지만, 그나마 다행스러운 것은 자기주도학습은 교사가 모델을 보여주고 적절한 안내와 지원을 하면 누구나 잘 익힐 수 있다는 점이다.

자기주도학습과 자기조절학습

용어 도입에 신중하지 못한 탓에 한국의 초중등 교육에서 자기주도학습이라는 용어가 압도적으로 많이 쓰이고 있는 현실을 하루아침에 바로잡을 수는 없겠지만, 가능한 한 자기조절학습(self-regulated learning, SRL)이라는 용어를 사용하는 것이 바람직하다고 본다. 자기조절학습은 교육심리학과 인지심리학에서 1980년대에 쓰기 시작한 개념이다.

자기조절력은 자신의 신체와 마음을 통제하는 능력, 특히 자신의 감정을 통제하고 주의를 유지하는 능력을 말한다. 자기조절에 어려움을 겪는 경우 공부 습관을 들이기 어렵고, 집중력 저하뿐 아니라 문제행동까지 야기하게 된다. 원만한 학교생활을 위해서는 생각, 행동, 주의, 감정 등을 스스로 통제할 수 있는 능력을 갖추어야 하는데 바로 이런 것이 자기조절학습 능력의 바탕이 된다.

자기주도학습이나 자기조절학습 모두 '자기 동기유발, 자기 조절, 자기 모니터링, 자기 수정'이라는 핵심요소가 필요하다는 점에서 유사성을 띠지만 아래와 같은 차이점도 있다.

	자기주도학습	자기조절학습
유사점	• 과제 정의하기(설정하기). 학습목표 설정하고 계획 세우기. 목표 달성을 위해 전략 동원하기. 모니터링이나 성찰을 통해 평가하기라는 4단계로 구성된다. • 목표지향적 행위이며 메타인지 능력을 동원한다. • 능동적 참여와 내적 동기를 기반으로 한다.	
차이점	성인교육에서 유래한 개념	교육심리학, 인지심리학에서 유래한 개념
	통상적으로 전통적인 학교 환경 밖에서 행해진다.	주로 학교환경에서 사용된다.
	학습자가 과제를 설정하고 학습환경을 디자인할 자율성을 가진다.	교사가 학습과제를 설정한다.
	자기조절학습을 포함하는 보다 넓은 개념	자기주도학습을 포함하지 않는 상대적으로 좁은 개념

자기주도학습과 자기조절학습의 유사점/차이점 비교(Saks, 2014; Loyens, 2008)

자기조절학습이 가능하려면 뇌의 관리 시스템인 '집행기능 (Executive Functions, EFs)'과 자신의 사고과정을 인지하고 조절하는 능력인 '메타인지'를 살펴야 한다. 이 두 가지 기능이 자기조절학습에 깊숙이 관여하기 때문이다.

자기조절학습에 중요한 집행기능

집행기능은 '뇌의 관리 시스템'으로 목표 달성을 위해 계획을 세우고 모니터링하며 과정을 조율하는 역할을 한다. '성공을 위한 마음속 도구 세트'라고 불릴 정도로 최근 학교교육의 최대 관심사 중 하나인 집행기능은 비유하자면 공항의 관제탑이나 오케스트라 지휘자, 정부 조직의 내각과 같은 역할을 한다.

집행기능은 크게 '인지 유연성(flexible thinking), 작업기억(working memory), 자기통제력(self-control, inhibitory control)'이라는 3가지 요소로 구성되어 있다.

1) 인지 유연성

인지 유연성은 일상생활뿐만 아니라 학습, 문제해결, 커뮤니케이션, 사회적 상호작용 등 다양한 상황에 필요한 능력이다. 특히 현대사회에서는 빠르게 변화하는 환경에서 새로운 도전과 문제들이 발생하므로, 인지 유연성의 중요성은 그 어느 때보다도 크다. 학생들 중에 문제를 해결할 때 한 가지 외에 다른 방법은 전혀 생각하지 못하는 경우, 사물을 다른 각도에서 보지 못하거나 다른 생각을 받아들이지 못하고 자기 생각만 주장하는 경우, 인지 유연성의 부족이 원인이라고 볼 수 있다. 같은 실수를 반복하거나 새로운 일정표를 따르지 못하고 계획이 변경되면 불안해하는 경우, 다른 활동으로 전환하는 것을 어려워하는 경우도 마찬가지다. 인지 유연성을 향상시키는 방법으로는 아래와 같은 활동이 있다.

연극, 댄스 같은 창작 활동 / 상상력을 발휘하는 게임 (예: 테이블의 용도 상상하기 – 식사하는 곳, 아래에 숨을 수 있는 곳, 타악기로 사용하기, 잘라서 땔감으로 사용하기) / 일상적인 물건들 사이의 공통점을 찾는 게임 (예: 당근은 오이와 어떻게 비슷한가요?) / 교사나 부모의 실제 문제해결에 초대하기 (어른을 도왔다는 것에 큰 자부심을 느낄 수 있다.)

2) 작업기억

교사가 "교과서를 책상 위에 올려놓고, 연필은 서랍에 넣은 다음, 가위와 종이를 가지고 앞으로 나와 두 줄로 서세요"라는 지시를 내리면 그 내용을 기억하지 못해 우왕좌왕하는 아이들을 볼 수 있다. 어떤 아이는 마지막 말만 기억하고 맨손으로 달려와 줄부터 서기도 한다. 초등 수학시간에 "21과 13을 더해보세요" 같은 암산 문제에 어려움을 느끼는 경우도 작업기억의 결핍과 관련이 깊다.

작업기억의 가장 기본적인 기능은 과제를 해결할 때까지 그 정보에 주의를 기울이는 일이다. 문제해결뿐 아니라 정보를 장기기억에 저장하기 쉽도록 의미 있게 재구조화하는 기능도 작업기억에서 일어난다. 주의를 기울일 때만 정보가 유지되고 정보처리가 가능하기 때문에 작업기억은 '주의 기울이기'라는 집행기능과 깊이 관련되어 있다. '새로운 지능지수(New IQ)'라는 별칭이 있을 정도로 작업기억은 미래 학업 성취도와 관련이 깊다. 작업기억, 즉 정보를 일시적으로 머릿속에 유지하면서 작업하거나 놀이하는 활동으로는 다음과 같은 것이 있다.

여러 단계의 지시사항을 기억하면서 순서대로 실행하기 / 더하기나 빼기 등의 셈

을 암산으로 하기 / 상대방의 대화를 듣는 동안 묻고 싶은 질문을 떠올리고 이를

일시적으로 기억하기 / 이야기 이어가기 / 글을 창작해 친구들 앞에서 발표하기 /

돌림노래 부르기

3) 자기통제력

자기통제력은 행동하거나 말하기 전에 한 번 더 생각하며 유혹에 저항하고 충동적인 반응을 억제하는 능력이다. 규율을 지키고 인내심을 발휘하는 데도 자기통제력이 필요하며, 목표를 달성하기 위해 당장의 욕구를 참는 만족지연도 자기통제력을 통해 실현된다. 요즘 많은 아동들이 행동을 억제하는 데 어려움을 겪는다. 아이들의 이런 모습을 '나쁜 행동' 혹은 '규율의 문제'로 오해하기도 하지만, 실제로는 자기통제력의 미숙에서 비롯된 것일 수 있다.

자리에 가만히 앉아 있기, 줄 서기, 차례 지키기 같은 간단한 규칙을 지키기 어려워하는 아이, 친구들 얘기에 함부로 끼어들거나 수업 시간에 하고 싶은 말을 아무때나 내뱉는 아이, 과도하게 활동적이거나 안절부절못하는 아이, 쉽게 좌절하고 빨리

포기하는 아이, 비판이나 훈계 듣기를 거부하는 아이는 자기통제력, 충동 억제가 부족한 상태라고 볼 수 있다. 통제력은 행동 관련 통제력과 주의 관련 통제력으로 나뉘는데, 이는 다음과 같은 활동을 통해 향상시킬 수 있다.

행동 관련 자기통제력에 도움이 되는 활동

연극 놀이 (어떤 역할이나 상황에서 자신의 성격, 행동, 습관은 자제하면서 다른 방식으로 행동하거나 표현하는 연습) / 여럿이 함께 음악 연주하기 (자기 차례를 기다리는 연습) / 코미디를 연기하며 웃음 참기 (자신이 만든 재치 있는 이야기나 농담에 웃지 않고 연기 연습하기) / 두 명씩 짝을 이루어 번갈아가며 책을 읽어주고 듣기 / 질문하기 전에 5초 먼저 생각해보기 / 모둠활동 등을 할 때 3초 더 생각해보고 말하기

주의 관련 자기통제력에 도움이 되는 활동

돌림노래 부르기 / 집중해서 이야기 듣기 / 중심을 잡으면서 통나무 위를 걷기 / 숟가락에 달걀을 올려놓고 떨어뜨리지 않으면서 선을 따라 걷기 / 물이 가득 찬 유리잔을 받침대에 올려서 옮기기 / 흘리지 않고 액체 따르기 / 콩류를 젓가락으로 집기 / 바늘에 실 끼우기, 바느질하기 등

집행기능은 내부 목표에 따라 생각과 행동을 조율하는 뇌의 전전두피질에 의존한다. 우리는 스트레스를 받으면 명확하게

생각하거나 자제력을 발휘하기 어려워진다. 스트레스는 전전두피질과 다른 뇌신경 영역, 예를 들면 편도체와의 기능적인 소통을 방해한다. 편도체는 위험을 감지하면 경보신호를 보내는 역할을 하고, 위험이 지나갔을 때 전전두피질은 편도체를 진정시키는 역할을 한다. 전전두피질과 편도체 간의 소통이 방해받게 되면 '진정' 신호가 전달되지 않는다. 따라서 편도체는 계속해서 활성화되어 지속적으로 스트레스를 받으며 과도하게 경계하는 상태가 된다.

사람들은 어떤 도전이나 과제를 수행할 때 약간 긴장하거나 스트레스를 받는 것이 성과에 도움이 된다고 알고 있지만 사실은 작은 스트레스도 사람들의 집행기능을 저하시킨다. 생각보다 마음 상태는 집행기능에 큰 영향을 미친다. 집행기능을 향상시키는 가장 좋은 방법은 일상에서 스트레스를 줄이거나 긍정적인 마음가짐을 장려하는 일이다.

뇌의 집행기능에 문제가 있으면 주의를 집중하거나 감정을 통제하기 어렵고 지시를 따르기도 어렵다. 당연히 자기조절학습도 어렵다. 최근 교육현장에는 '느린학습자'로 분류되는 학생들이 늘고 있는데, 이들도 집행기능이 결핍된 경우가 많다. 이들은 학습뿐 아니라 자기 인식, 충동 억제, 언어작업기억과 비언어 작업기억, 정서조절, 자기 동기유발, 계획 수립 및 문제해결 등에서 어려움을 보인다.

상위인지라고도 부르는 메타인지는 '자신의 생각에 대한 생각'으로, 자신이 무엇을 알고 무엇을 모르는지, 자신의 강점과 약점이 무엇인지 등 자기 이해를 바탕으로 성찰과 비판적 사고를 할 수 있는 능력이다. 자신의 인지 행동을 모니터링하며 과제를 해결하는 데 필요한 능력으로, 학습을 강화하는 데 유용한 기제다. 메타인지는 비판적 사고뿐 아니라 문제해결, 의사결정에도 매우 중요하다고 알려져 있다. 메타인지 능력은 나이와 함께 서서히 향상되지만 가장 크게 향상되는 시기는 12~15세 사이이며 성인기로 접어들면서 정체된다. 메타인지를 구성하는 요소는 자신의 생각에 대한 지식, 자신의 생각에 대한 조절로 나뉜다.

1) 자신의 생각에 대한 지식

① 자신의 학습에 영향을 주는 요소에 대한 지식: "나는 수학 문제를 풀 때 사칙연산을 실수하는 경우가 많아."

② 학습에 활용할 수 있는 방법에 대한 지식: "나는 배운 것을 1시간 후, 1일 후, 3일 후 시차를 두고 복습하면 효과적으로 기억할 수 있다는 것을 알고 있어."

③ 특정 학습 상황에 적합한 방법의 선택에 관한 지식: "객관

식 시험을 준비하는 데는 암기가 효과적이고, 에세이 시험을 준비하는 데는 매일 배운 내용을 나만의 생각과 용어로 다시 정리하는 게 효과적이었어."

2) 자신의 생각에 대한 조절

① 계획을 수립하고 목표를 설정하기: "해결할 문제가 뭐지?", "전에 내가 이런 것을 해봤던가?", "어떤 방법을 사용할까?", "이 과제를 하기 위한 나의 강점과 방법은 뭘까?"

② 학습을 모니터링하고 통제하기: "나는 제대로 하고 있나?", "지금 사용하고 있는 방법은 효과가 있는가?", "방법을 이전과 다르게 하려면 어떻게 수정해야 하지?"

③ 성찰 관점에서 수행을 평가하기: "나는 얼마나 제대로 했는가?", "어떤 방법이 유효했지?", "방법을 어떻게 수정해야 다음에는 더 잘할 수 있을까?"

메타인지 능력을 강화하는 데는 이런 활동이 도움이 된다.

1) 과제의 수행 과정에서 메타인지 발휘를 위한 질문 제공하기

수행 전 단계에서는 목표를 세우고, 적절한 방법을 구사하려면 어느 정도의 시간과 노력이 들지 생각해보고, 수행 중에는 어떻게 되어가고 있는지를 살피며, 수행 후 검토 단계에서는 무

엇이 계획대로 잘 진행되었고 다음에는 어떻게 해야 더 잘할
수 있을지를 생각해본다.

2) 어떻게 해야 뇌가 성장할 수 있는지 가르치기
새로운 학습과 경험에 의해 뇌의 회로가 변할 수 있다는 것을
알게 되면 더 노력하게 되며, 이것이 자기주도적 학습을 촉진
하며 성취도 향상과 동기유발로 이어질 수 있다.

3) 학습 후 학습자의 모니터링 능력 북돋기
이해가 부족한 부분을 확인하기 위해 수업이 끝날 즈음 교사는
"오늘 우리가 배운 내용 중에 가장 이해하기 어려웠던 것이 무
엇이었나요?" 같은 질문을 던질 필요가 있다. 이는 메타인지를
발휘하게 하는 기폭제가 되고, 혼동이란 학습과정에서 필연적
으로 겪는 학습의 한 과정임을 인식히는 데도 도움이 된다.
수업을 마치고 "이번 시간에 배운 것 중 핵심 내용 3가지를 든
다면?" 같은 질문을 던지는 것도 학습의 깊이를 더하고 모니터
링하는 능력을 향상시킬 수 있다.

4) 학습일기 쓰기
자신의 생각을 모니터링하는 방법 중 하나로, 배운 내용을 쓰
기보다 어떻게 배웠는지 성찰할 수 있도록 질문을 던지고 이에

대한 답을 쓰도록 하는 것이 효과적이다.(이번 주 학습 내용 중 가장 쉬웠던 것은 무엇인가? 시험 준비 방법으로 효과가 좋지 못했던 것은 무엇인가? 다음에는 방법을 어떻게 바꿀 것인가? 등)

5) 선다형 문제보다 논서술 형식으로 시험 보기

관련 연구에 따르면 4지 선다형 문제로 된 시험을 준비할 때는 낮은 수준의 사고 스킬을, 에세이 시험을 준비할 때는 고등사고력을 사용한다. 비록 짧은 것이라도 에세이 시험을 볼 경우 학습 내용에 관해 성찰하는 능력을 향상시킬 수 있다.

6) 성찰적 사고 촉진하기

성찰은 비판적 사고를 통해 고정관념이나 편견 등 건강한 사고 발달을 방해하는 것을 인식하게 해주는 메타인지적 과정이다. 교사는 대화를 장려해 깊은 학습과 성찰의 교실문화를 조성할 수 있다. 정치, 인종, 빈곤, 정의, 자유 등과 관련된 편견과 도덕적 딜레마에 관한 에세이를 쓰면서 자신의 사고에 대해 생각해보는 기회를 갖게 할 수 있다.

아이들이 주도적 학습자가 되길 바란다면

집행기능과 메타인지는 서로 독립적이면서도 상호의존적이다.

인간의 다양한 정신 기능의 작동을 책임지는 집행기능은 오케스트라 지휘자 역할처럼 메타인지라는 악기 연주에 필수적으로 요구되는 능력이다. '자신의 생각에 대한 생각'이 발휘되려면 집행기능의 지원을 받아야 한다. 메타인지가 집행기능의 도움 없이 작동될 수 없다는 점, 그리고 집행기능이 훨씬 더 폭넓은 역할을 한다는 점에서 집행기능이 메타인지보다 더 포괄적 개념이라 할 수 있다. 메타인지를 포함해 인간의 모든 고등사고는 집행기능을 통해 작동된다. 한편 이 둘은 가르쳐서 발달시킬 수 있고 발달 시기도 비슷한 것으로 알려져 있다.

특히 학습을 힘들어 하는 아동들을 가르칠 때는 학습에 앞서 집행기능, 메타인지, 자기조절 능력을 키워주어야 한다. 학습에 어려움을 겪는 아동일수록 이 능력이 향상되면 그 효과는 더 크게 나타난다. 메타인지와 자기조절 방법의 지도만으로 학업 성취에서 평균 8개월의 진전이 있었다는 연구 보고도 있다. 아이들이 스스로 학습을 하지 못한다고 걱정하기 전에 집행기능과 메타인지에 대한 깊은 이해와 함께 구체적인 지도 방법을 숙지할 필요가 있다. ◣

학습동기 이론으로 살펴보는 아이들의 배움

권 민 지

10년 차 초등교사. 대학원에서 교육심리학을 공부 중이며,
『교육학 콘서트』 번역 작업에 참여했다.

담임교사를 할 땐 이런 적이 없었는데, 영어 전담교사가 되고 나서 한 아이에게서 이런 말을 듣고 깜짝 놀랐다. "이거 하면 간식 있어요?" 아이들은 담임교사보다 전담교사에게 더 솔직한 마음을 드러내는 경향이 있다. 덕분에 전담교사를 하면서 더 진솔한 아이들 모습을 볼 수 있게 되었다.

이런 질문을 하는 타이밍은 참 묘하게도 수업 활동을 설명한 후 본격적으로 수업을 시작하기 직전이다. 간식의 유무에 따라 활동의 참여도가 크게 달라진다는 말이다. 단원평가를 앞두고 아이들은 이런 이야기도 한다. "저 시험 잘 보면 아빠가 휴대폰 사준댔어요." 타인의 외적 보상에 의존하는 아이들의 학습 방식, 이대로 괜찮은 걸까?

아이들은 수업을 듣고, 활동에 참여하며, 학습목표에 도달하기 위해 노력하는 일련의 학습 과정에서 '이유'를 찾고 따진다. "이거 하면 간식 있어요?" 또는 "시험 잘 봐서 휴대폰 받을 거예요"라고 말하는 아이가 학습하는 이유는 간식이나 선물, 즉 외적 보상이다. 학습을 하는 이유, 이것을 교육심리학에서는 '학습동기'라고 부르는데, 이는 행동의 시작이나 방향, 강도, 끈기를 설명하는 중요한 요인이다.

보통 동기가 부족한 아이들은 무기력한 모습을 보이는데, 이런 태도는 개인뿐 아니라 친구 관계, 나아가 가족과 학급의 분위기에까지 영향을 미친다. 모든 양육자와 교육자는 동기라는 표현을 굳이 쓰지 않더라도 매순간 아이들이 스스로 움직이는 계기를 만들어주기 위해 애쓰고 있을 것이다.

동기부여가 쉽지 않은 이유

교실에 모인 스무 명 안팎의 아이들 모두의 동기를 불러일으킨다는 것은 쉽지 않은 과제다. 각기 다른 배경과 경험, 가치관을 가지고 있는 아이들의 동기 유형과 수준 또한 얼마나 각양각색일까. 한 아이의 성장을 놓고 보더라도, 자라면서 동기부여 방법이 달라질 수밖에 없다. 어렸을 때는 칭찬만으로도 동기부여가 되지만 더 이상 칭찬과 선물 같은 보상의 효과가 없어지는 순간이 찾아온다. 게다가 요즘에는 스마트폰, 게임 등 즉각적인 즐거움을 제공하는 매체들이 많기 때문에 아이들이 학습동기를 갖기가 더욱 어렵다. 동기는 행동의 지속성에 영향을 주는데, 충동적인 외부 자극은 학습을 지속하는 데 분명 방해가 된다. 이렇듯 한 사람의 동기를 이해하는 것은 복잡하다.

교육심리학에서는 다양한 이론으로 동기를 설명한다. 외적 보상이나 처벌을 통해 동기가 형성된다고 보는 행동주의 이론, 인간의 기본적인 욕구(기본심리욕구)가 동기 형성에 중요한 역할을 한다고 보는 욕구 이론, 그리고 자신의 지능이나 능력의 변화 가능성에 대한 믿음에 따라 동기가 달라진다고 보는 마인드셋 이론 등이 있다.

동기는 크게 내재적 동기와 외재적 동기로 나뉘는데, 내재적 동기는 그 자체가 행위의 목적인 반면, 외재적 동기는 외부의 보상이나 칭찬 같은 외부 요인으로 행동을 유도하는 것을 뜻한다. 일반적으로 내재적 동기를 더 좋은 것으로 생각하거나 외재적 동기가 내재적 동기를 방해한다고 생각하기 쉬운데, 꼭 그런 것은 아니다. 실제로 학습활동을 시작하는 단계에서는 칭찬, 보상 같은 외부 요인이 큰 동기부여가 되기도 한다.

초등학교 시절 "영어 발음이 좋다"는 선생님의 칭찬을 듣고 매일 집에서 꼬부랑거리는 말투로 과장해서 영어를 읽곤 했다. 그때 영어에 흥미를 붙인 후로 대학에서 부전공으로 영어교육을 선택했고, 현재 영어 전담교사까지 되었다. 나의 경우에서 볼 수 있듯 아이들이 외적 보상을 통해 성취감을 느끼고 그 활동에 흥미를 갖다 보면, 점차 학습 그 자체를 즐기는 내재적 동기로 이어질 수도 있다.

이와 관련된 재미있는 연구 결과가 하나 있다. 외적 보상이 내재적 동기를 어떻게 변화시키는지 보상 타이밍에 따라 살펴봤는데, 예상치 못한 보상이 내재적 동기를 더 크게 만든 반면 예상된 보상은 내재적 동기를 감소시켰다. 이 연구가 시사하는 바는 외재적 보상을 새로운 학습의 초기 단계에 활용하되, 예상할 수 없는 순간에 제공하면 더욱 효과적이라는 사실이다. 그래서 나는 학급 전체의 목표를 달성했거나 학생이 개인적으로 성장을 한 경우, 비정기적으로 깜짝 선물처럼 간식을 준비한다. 학습에 대한 내재적 동기를 해치지 않고 노력의 과정을 축하하는 의미로 보상을 활용하기 위해서다.

간식 자체가 나쁜 것은 아니지만 늘 긍정적 역할을 하는 건 아니다. 활동 전에 간식의 유무를 이야기하면 학습보다 간식의 종류와 선호도 등에 아이들의 관심이 쏠리는 경우가 있기 때문이다. 맘에 안 드는 간식이 제시되면 보통 수준이었던 학생의 동기가 오히려 떨어질 수 있고, 간식으로 동기가 높아진 학생은 다음에 간식이 없으면 학습 참여도가 낮아질 수 있다.

고래도 춤추게 하는 칭찬 방법

외적 보상 중 대표적인 것이 칭찬이다. 가장 실천하기 쉽지만, 동시에 잘하기 어려운 것. 칭찬은 고래도 춤추게 한다지만 모든 칭찬이 그런 건 아니다. 좋은 칭찬은 적절한 자극이 되지만, 나쁜 칭찬은 아이들이 통제받는다는 느낌을 받을 수 있고 자칫 내재적 동기를 약화시킬 위험까지 있다. 좋은 칭찬을 하려면 '언제', '무엇을', '어떻게' 세 가지를 고려하는 것이 좋다.

칭찬은 언제하는 것이 좋을까. 스키너에 따르면 특정 행동이 발생한 직후에 주어지는 강화(칭찬, 보상 등)는 그 행동을 반복할 가능성을 높인다. 긍정적인 행동을 보였을 때 즉각적으로 칭찬을 하면 아이는 그 행동이 바람직하다고 인식하고 반복하려는 동기가 강해진다.

또한 어떤 행동을 칭찬하는 것인지 명확히 하는 것도 중요하다. 그냥 잘했다고만 하면 아이는 어떤 행동이 바람직한 것인지 파악하기 어렵다. 동아리 안내문을 만든 아이에게 그냥 "잘했네"라고 하기보다 "멋진 표현을 써서 동아리에 가입하고 싶게 흥미로운 안내문을 만든 게 인상적이네"라고 말하면 아이는 자신의 구체적인 노력을 인정받았다고 느끼고, 같은 방식으로 계속 노력하게 된다.

칭찬하는 방법은 다양하다. 수업 중에 모든 아이들을 말로 칭찬하는 것은 쉽지 않을뿐더러, 그것 자체가 목적이 되어서도 안 된다. 꼭 언어가 아니더라도 미소, 고개 끄덕임, 눈맞춤, '엄지 척' 같은 비언어적 표현 역시 아이의 행동에 대한 보상이자 피드백이 될 수 있다. 발표를 머뭇거리는 아이에게 잘할 수 있을 거라는 신뢰가 담긴 응원의 눈빛을 전하는 것도 그런 예다.

많은 아이들에게 통하는 강력한 칭찬 방법이 하나 있는데 그것은 바로 쪽지나 편지다. 아이 입장에서 부모나 교사로부터 편지나 쪽지를 받는 것은 드물고 특별한 사건이다. 한글 쓰기가 부진하던 우리 반의 한 아이가 노력해서 발전하는 모습을 보였을 때 칭찬 쪽지를 적어 슬쩍 전달한 적이 있다. 그때 기뻐하던 아이의 표정을 잊을 수 없다. 그 후 아이의 수업 태도까지 눈에 띄게 좋아졌던 경험은 교사인 내게도 기쁜 일이었다.

다만 칭찬할 때 주의할 점도 있다. 아이가 자기 수준보다 낮은 과제를 수행했는데 "우와, 이런 걸 해내다니, 대단한데!" 같이 과한 칭찬을 하면 오히려 '내 수준을 어떻게 봤길래 그러지?'라며 반감을 일으킬 수 있다. 아이의 평소 수준보다 조금 높은 과제 또는 활동을 수행했을 때 칭찬을 잘 활용하면 아이의 도전 의식과 자기효능감이 더욱 높아진다.

동기부여에 필요한 세 가지 욕구

동기를 내재적 동기와 외재적 동기로 '유형'을 나누기도 하지만, 이를 연속선상에서 이해하는 이론도 있다. 이러한 접근은 내재적 동기와 외재적 동기가 서로 상반된 개념이 아니라 연속적인 스펙트럼에 있다고 본다. 특히 자기결정성 이론이 이러한 관점을 잘 드러낸다. 자기결정성 이론에 따르면 인간은 누구나 기본심리욕구인 자율성, 유능감, 관계성 욕구를 가지고 있으며 이 세 가지의 충족 정도에 따라 동기 수준이 달라진다.

동기 수준을 결정하는 핵심은 자율성이지만 유능감과 관계성 역시 자율성을 지원하고 강화하는 역할을 한다. "내가 이 과제를 잘 해낼 수 있다"는 믿음(유능감)과 친구, 교사와의 상호작용으로 소속감을 느끼는 상태(관계성)가 충족되면 자율성은 더욱 높아지고 결과적으로 내재적 동기 또한 강해진다. 자율성, 유능감, 관계성 이 세 가지 욕구는 아이들에게 동기를 부여할 때 좋은 나침반이 된다.

우선 자율성을 충족시키기 위해서 아이들에게 선택권을 줄 수 있다. 숙제를 할지 말지 선택권을 줄 순 없지만 "지금 숙제하고 놀래? 아니면 놀이터 먼저 다녀와서 숙제 할래?"라며 두 가지 선택지를 주는 것 역시 자율성 측면에서 의미가 있다. 또한 유능감을 높이려면 아이들의 능력에 맞는 과제를 내주는 것이 중요하다. 할 수 있다는 자신감을 갖기 위해서는 작은 성공부터 단계적으로 과제의 난이도를 높여야 하고, 그 전에 아이의 개별 수준을 파악해야 한다. 예를 들어, 아이가 받아쓰기 열 문제 중 다섯 문제를 맞혔다면 다음에는 여섯 개 맞히기를 목표로 정하고, 이 목표를 달성했을 때 칭찬할 수 있다.

마지막으로 관계성은 아이가 학급이나 가정의 구성원으로서 충족할 수 있도록 지원해야 하는 기본심리욕구다. 우리 반에 학습 동기가 부족하고 친구들과 관계 맺기를 어려워했던 아이가 있었는데 방과후 프로그램에서 보드게임, 학습 놀이를 하며 친구들과 친밀감이 형성되자 수업 시간에도 적극적으로 참여하는 변화를 보였다. 남들 앞에서 얘기하는 걸 어려워했었는데 발표도 자신있게 할 수 있게 되었다. 이처럼 아이들은 공동체 안에서 실패 또는 실수를 해도 괜찮다는 믿음을 가질 수 있어야 한다. 그러려면 실패나 실수에 대한 경험과 가치를 구성원들과 충분히 나누고, 공동의 문제를 같이 해결하는 협력의 경험을 하게 하는 것이 좋다.

내가 자주 쓰는 방법은 공동체놀이 중 하나인 학급 컵쌓기 놀이다. 처음 15층까지 컵을 쌓았다면 그다음은 17층까지 목표를 정해 같이 쌓아보는 것이다. 함께 목표를 달성해본 경험은 아이들 간의 끈끈한 관계성을 만들고 이는 곧 집단의 학습동기와 연결된다. 그 과정에서 아이들이 현재 수준보다 살짝 높은 목표를 세워 도전할 수 있게 부추기고, 서로 비난하기보다는 격려하고 칭찬할 수 있도록 돕는 것이 부모나 교사의 역할이다. 아이들의 자율성, 관계성, 유능감, 이 세 가지가 잘 충족되고 있는지, 이 중에 어떤 기본심리욕구를 더 충족시키면 좋을지 살펴보는 일이 필요하다.

동기보다 중요한 것

'그렇다면 기본심리욕구가 충족되지 않거나 외적 보상이 효과가 없을 때, 혹은 학습에서 성공적인 경험을 하지 못할 때, 어떻게 동기부여를 할 수 있을까?' 하는 질문이 남는다. 이에 대한 힌트를 마인드셋Mindset 이론에서 찾을 수 있다. 마인드셋은 미국의 심리학자 캐롤 드웩Carol S. Dweck이 제안한 개념으로, 지능과 능력에 대한 자기신념을 뜻한다. 이 자기신념은 동기에 큰 영향을 미친다.

자신의 지능이나 능력은 타고난 것이어서 크게 변하지 않는다고 믿는 고정 마인드셋과 노력을 통해 발전할 수 있다고 믿는 성장 마인드셋, 그 차이는 실패를 마주했을 때 극명하게 드러난다. 아는 문제를 틀렸을 때 고정 마인드셋을 가진 아이는 '난 어쩔 수 없어' 하면서 좌절부터 하지만, 성장 마인드셋을 가진 아이는 그런 실수를 반복하지 않으려고 꼼꼼히 살펴보고 질문한다. 이들은 실수를 오히려 능력을 기를 수 있는 기회로 여기며, 도전을 지속하는 경향이 있다.

마인드셋 이론은 뇌의 가소성에 기반해 아이들이 자기 지능에 대해 고정적인 신념을 가지고 있더라도 변화시킬 수 있으며, 이를 통해 동기를 부여할 수 있다고 주장한다. 지금 나의 수준이 낮더라도 노력을 통해 발전할 수 있다는 믿음은 학습뿐 아니라 삶의 태도에도 도움이 된다. 아이들이 자신의 지능, 노력, 능력에 대해 어떤 신념을 가지고 있는지 점검하고 성장 마인드셋으로 변화시키는 것은 아이의 성장을 도울 수 있는 좋은 방법이다.

'언젠가는 스스로 할 수 있게 되겠지'라는 믿음으로 아이를 지켜보지만 시간이 갈수록 더 학습과 멀어지는 모습을 보면 마음이 무거워진다. 언제까지나 옆에서 "~해라" 하고 같은 말을 반복할 수는 없는 노릇이다. 요즘엔 학습 초기에 흥미를 유발할 수 있는 인공지능 학습 서비스나 매체가 많지만 그 흥미를 어떻게 지속할 수 있을까는 여전히 어려운 숙제다. 아이가 언젠간 자발적으로 공부하기를 바라며 막연히 기다리는 것도, 공부할 수 있는 최적의 물리적 환경을 먼저 만들어주는 것도 해결책은 아니다. 사실 정답은 그 둘 사이 어딘가에 존재하며, 그 지점이 어디인지는 아이들마다 다를 것이다. 그 지점을 찾기 위해서 다양한 동기 이론을 이해하고 아이에게 적용해보며, 무엇이 효과적인지 탐색해가는 노력이 필요하다. 🐦

자기주도성이
자라나는 교실

김유리

서울의 한 초등학교에서 2학년 학생들을 가르치며, 가정에서도 같은 나이의 아들을
양육하고 있다. 교실과 가정에서 아이들이 자기주도 생활을 실천하도록 돕고 있다.

"수업 시간에는 책상에 만화책을 올려놓지 않아요. 서랍에 넣습니다."

나와 눈이 마주친 아이는 고개를 설레설레 젓는다. 당황스럽다. 묵직한 목소리로 규칙을 반복 재생하니 잔뜩 찌푸린 얼굴로 만화책을 서랍에 넣는다.

"자, 그럼 이제 수업을 시작하….."

"선생님! 물 먹다가 흘렸어요!"

초등학교 2학년 담임을 다섯 번째 하고 있지만, 그간의 경력이 무색하게 올해도 당황하고 쩔쩔맬 때가 많다. 아이들도, 학부모들의 양육 분위기도 많이 달라지고 있음을 느낀다. 학교에 '교육' 아닌 '보육'과 관련된 민원도 늘었다. 아이들은 개인의 권리를 강하게 주장한다.

수업 중에 색칠이나 만들기, 수학 문제 풀기 같은 활동을 안내하고 "자! 이제 각자 해볼까요?" 하면 지루한 표정으로 가만히 있는 아이들은 물론, 대놓고 "안 하면 안 돼요?"라고 묻는 아이도 있다. 복도에서 뛰지 않기 등 학교에서 지켜야 하는 규칙을 지도할 때면 "왜요? 왜 뛰면 안 돼요?" 하고 되묻는다. 정말 몰라서 묻는 게 아니라, 하고 싶은 것을 못 하게 하는 교사가 못마땅한 눈치다. 아이들의 생각 속에는 꼭 해야 할 일이나 학교의 규칙보다도 개인의 권리가 높은 위치에 있는 듯 보인다. 문제는 개인의 호불호가 제일 중요한 아이들이 늘어가는 것이 피부로 느껴진다는 점이다.

학부모의 양육 태도 또한 달라졌다. 아이가 싫어하는 것은 되도록 하지 않을 수 있게 돕고, 곤란하거나 힘들 것 같은 상황은 먼저 해결해준다. 출근 전 학부모에게서 "선생님! 어제 제가 늦게 퇴근하는 바람에 아이가 숙제를 못 했네요"같은 문자가 오기도 한다. 혹여 학교에서 아이가 난처할까, 염려하는 마음이 느껴진다. 교사들 사이에는 아이가 학교에서 모기에게 물렸다는 항의 전화에 교실을 소독한 일, 수업 중에 방과 후 아이의 일정을 전해달라는 학부모 전화를 받은 일 등이 회자한다.

이럴 때면 아이들이 유리 온실 속에서 자라는 새싹 같다. 교사 눈에는 저 멀리 비바람이 보인다. '나중에 저 바람을 어떻게 견딜까?' 우려스런 마음이 들지만 아이를 단단하게 키우는 열쇠는 부모님이 쥐고 있으니 교사로서 별 뾰족한 수가 없다. 대부분의 부모는 아이가 자신이 원하는 길을 찾고, 스스로 문제 상황을 해결하며 생활과 학업, 취업 등 삶의 전반을 스스로 꾸려가길 바란다. 하지만 지금처럼 촘촘하고 섬세하게 아이들을 보호하는 양육 방식으로는 그런 힘을 키우기 어렵다. 자신을 조절하고 문제를 스스로 해결하는 능력은 어른이 되었다고 갑자기 생기는 게 아니라 유아기 때부터 차근차근 길러진다. 자라면서 문제의 크기가 작은 것에서 큰 것으로 달라질 뿐이다.

부모들의 이런 보호에도 불구하고 교실에서는 작은 일에 화가 폭발하거나 어두운 얼굴을 하는 아이들이 많아졌다. ADHD를 비롯해 강박증, 선택적 함구증 등을 치료받고 있는 아이들이 해가 갈수록 늘어간다. 학년이 올라갈수록 학습량은 늘어가는데 마음을 단련할 기회는 적다. SNS 등으로 남과 자신을 비교할 기회가 많아졌고, 복잡한 교우 관계를 풀어가기도 쉽지 않다. 이럴 때 아이들이 스스로 어려움을 극복해나가는 힘이 있다면 어떨까?

요즘 아이들에게 주도성이 필요하다는 건 '자기 일을 알아서 해야 한다'는 것보다 어떤 상황에도 적극적으로 문제를 해결해나가는 단단한 마음의 힘이 필요하다는 얘기다. 코로나 팬데믹 같은 상황은 언제든 다시 발생할 수 있다. 또한 인공지능 기술의 발달은 그 변화 속도를 좇기 어려울 정도다. 아이들은 점점 더 예측 불가능한 사회를 살게 될 것이며, 그 사회에 적응해야만 한다.

선택권과 친절한 안내

올해 학부모 총회에서 나는 아이들에게 자기주도성을 길러주자고 부모님들께 제안했다. 해가 다르게 어려지고 여려지는 아이들에게 꼭 필요한 교육이라 생각해서다. 이후 우리 학급에서는 아홉 살 수준에서 '벗은 옷 정리하기' 같이 일상의 사소한 일부터, '등교 후 책상 서랍에 오늘 공부할 교과서 챙기기'처럼 학교생활에 필요한 일까지 스스로 하도록 지도하고 있다. 처음에는 도장 판을 만들어 도장도 찍어주고, 중간중간 사탕도 나눠주었다. 주도적으로 생활하는 것이 자랑스럽다는 칭찬도 듬뿍 해주었다. 『이까짓 거!』, 『용감한 아이린』, 『책상 정리 대작전』 등 자기주도성을 독려하는 그림책을 함께 나눴다. 한 학기가 지날 무렵, 두 가지 도전 과제로 시작했던 자기주도 생활은 열 가지가 넘는 생활 루틴으로 늘어났다.

학부모들에게도 몇 가지를 요청했다. 먼저 아이들에게 '선택권'을 주라는 것. 주도성을 기르기 위해서는 자신이 원하는 것을 선택하고, 그 결과를 책임져보는 경험이 필요하다. 이따금 놀이터에서 다른 엄마들이 나누는 대화를 듣곤 한다. 꼼꼼한 엄마일수록 옷, 간식, 놀이까지 가장 좋은 것들로 채워준다. 모든 면에서 최고를 주려는 엄마의 노력으로 꽉 찬 스케줄 속에 아이의 서투른 선택은 자리를 잃은 듯 보인다. 하지만 선택도 기술이라서, 자꾸 해봐야 그 기술이 향상된다. 우선순위 따지기, 결과를 예측하여 가장 좋은 것을 택하기, 장단점 고려하기, 선택에 따른 주변 사람들의 감정 살피기 등을 연습하다 보면, 사소한 기호부터 생활에서 해야 할 일의 순서나 내용까지 스스로 결정할 수 있게 된다.

『자존감 수업』을 쓴 윤홍균 정신건강의학과 전문의는 자녀의 자존감을 높이는 것이 "최고야!", "괜찮아, 꼴찌 해도 돼"라는 말이 아니라고 일침을 놓는다. 그런 말을 들은 아이들은 마냥 좋아하는 게 아니라 속으로 '엄마만 그렇게 생각하지. 남들은 아닐 걸' 하면서 객관적인 평가를 더 신경쓴다는 거다. 자존감을 길러주기 위해 그가 권하는 방법은 아이에게 선택권을 주는 것이다. 선택과 책임을 통해 아이는 자신의 가치나 효능을 느끼고, 자존감이 성장하는 선순환을 이룬다.

이때 필요한 건 어른의 적절한 '안내'다. 주도성을 기르려면 알아서 하라고 내버려두기보다는 적절한 수준의 도전 과제와 더불어 약간의 도움으로 부모의 '안내'가 필요하다. 교육학에는 근접발달영역(ZPD, Zone of Proximal Develpment)이라는 용어가 있다. 아동 혼자서 해내기는 어렵지만, 교사나 부모의 도움을 받아 해낼 수 있는 과제나 활동 범위를 뜻한다.[•] 너무 쉬운 과제는 성취감이 적고, 난도가 과하면 무력감이 높아진다. 약간의 도움을 받으면 성공할 수 있는 수준의 과제가 아이들에게 적절하다.

예를 들어 아이에게 방 정리를 규칙적으로 하는 과제를 제시

● 근접발달영역의 도전 과제와 함께 알맞은 도움을 제공하는 것을 비고츠키는 '비계설정(scaffolding)'이라고 한다.

할 때, 아이의 나이 수준에 맞게 어떤 것을 정리해야 하는지 구체적으로 안내해야 한다. 잘 정리된 방의 사진, 정리해야 하는 것들의 목록 등 시각화된 안내문을 붙여놓으면 더 효과적이다. 이외에도 점검표, 타이머 같은 도구를 활용하면 시너지를 낼 수 있다. 느리고 성에 차지 않는 아이의 움직임에 '내가 해주고 말지'라는 생각이 올라오더라도 꾹 참고 스스로 할 수 있도록 안내를 해야 한다.

결핍과 공백 그리고 적절한 피드백

또 하나 자기주도성을 높이는 데 필요한 건 '결핍'이다. 결핍은 흔히 부정적인 의미로 사용되지만 다른 관점에서 보면, 아이 스스로 필요한 것을 채울 수 있게 기회를 주는 것이다. 안전을 위협하지 않는 선에서 어른의 손길을 한번 거둬보면, 생각보다 아이들 스스로 해내는 것들이 많다는 사실을 알게 될 것이다. 자기주도성이라는 면역력을 키워주려면 결핍을 지켜볼 수 있는 부모들의 용기가 필요하다.

다음으로 아이에게 '공백'을 주라고 말한다. 텅 빈 시간 속에서 아이들은 자신이 선택한 활동을 자유롭게 펼칠 기회를 얻는다. 요즘 학교에서는 방과 후 아이들과 상담하거나 부족한 교과를 보충하기 어렵다. 아이들의 하교 후 일정이 빽빽해 여유

시간이 없기 때문이다. 이따금 학교에서 내주는 과제가 부담된다는 학부모 민원이 있어서 교사들은 과제를 낼 때도 양을 꼼꼼히 따져야 한다.

일성이 바쁜 건 유치원생들도 마찬가지다. 하원 후에 인라인스케이트, 수영, 축구 등 유아들을 대상으로 하는 프로그램이 점점 늘어나고 있다. 아이에게 텅 빈 시간을 주는 것을 '아깝게 시간을 죽이는 것'이라고 생각하는 부모들이 많아지고 있어서다. 놀이처럼 재밌어 하면서도 무언가를 배울 수 있는 학습 프로그램이 공백 시간을 알차게 채워준다고 생각한다.

하지만 아이들에게는 기획된 활동 말고 진짜 비어 있는 시간이 필요하다. 평일의 일과, 주말에 짧고 긴 공백을 주어 아이가 자율적으로 시간을 관리해보게 하는 것. 특히 방학 때면 하루 정도 통째로 온전히 자신이 하고 싶은 활동으로 채워보도록 '프리 데이'를 주는 것도 좋다. 혼자서 자유로운 하루를 계획하고 시간을 보낸 뒤 어땠는지 돌아보게 하는 것이다. 이런 경험 속에서 아이는 자신의 성향에 대해서도 더 잘 알 수 있게 된다. 자신에 대한 이러한 앎은 메타인지 능력을 키워주며 이는 자기주도성을 발휘하는 데도 큰 힘이 된다.

마지막으로 아이의 자기주도성을 기르는 데는 적절한 '보상 피드백'과 '수정 피드백'이 필요하다. 보상 피드백에는 용돈, 게임 시간 같은 물질적 보상이나 칭찬과 인정 같은 사회적 보상,

아이 스스로 만족감과 성취감 등을 느끼는 내적 보상이 있다. 물질적 보상이나 사회적 보상의 우려점도 있다. 교사가 수업 활동에 물질적인 보상을 주면 "애개!" 하고 실망하는 아이들이 많다. "그거 없어도 돼요", "다른 거 주시면 안 돼요?" 한다. 과한 칭찬과 인정에 길들여진 아이들은 자신을 과대평가하게 되거나, 보상이 없을 때 크게 실망하기도 한다. 따라서 물질적, 사회적 보상 또한 '부족한 듯' 주는 것이 좋다.

장기적으로 아이에게 필요한 것은 내적 보상이다. 노력의 과정과 변화 정도를 칭찬하는 것이다. 같은 스티커 판이라도 그걸 채운 후 선물을 주는 것은 물질적 보상이지만, 그것을 채우기 위한 노력과 과정에 대해 자부심을 가질 수 있는 대화를 덧붙인다면 그것은 내적 보상이 된다.

아이가 과제를 수행하면서 부족했던 점, 더 효과적으로 할 수 있는 방법을 찾아보게 하는 수정 피드백에서 중요한 것은 이것이 '아이의 일'임을 잊어서는 안 된다는 점이다. 또한 아이가 성장하면서 수정 피드백은 줄어야 한다. '나란히 걷는 것'에서 '뒤에서 따라가는 것'으로 부모의 위치를 바꿔야 한다.

여러 교과를 통합하여 한 가지 주제로 프로젝트 수업을 할 때 마지막에 교사가 반드시 던지는 질문이 있다. "힘들었던 점은 무엇이었나요? 더 좋은 방법이 있을까요?" 이렇게 성찰하는 과정이 다음 수업 활동의 자양분이 되기 때문이다. 이 또한 아이의 주도성을 길러주는 중요한 수정 피드백에 속한다.

불안하고 미안한 마음을 걷어내고

학부모들에게 아이의 자기주도성을 위한 협조 사항들을 소개할 때마다 마음 한구석이 묵직하다. 이를 하나의 매뉴얼이나 솔루션으로 느끼지 않을까 싶어서다. 평소 하던 것에 무엇인가 더 얹어서 하는 교육적 팁으로 생각하고, 아이에게 더 부담을 주게 될까 조심스럽다.

아이에게 무언가 해주기 전에 '꼭 해줘야 할까?', '도와주지 않았을 때 아이가 해내기 힘들 만큼 어려울까?'라는 질문을 던져보면 대부분은 스스로 하도록 두어도 되는 것들이다. 나는 학부모들에게 아이에 대해 불안하고 미안한 마음을 내려놓으시라고 자주 이야기한다. 양육자의 믿음은 자녀가 스스로 도약하는 발판이 된다. 반대로 부모의 불안한 마음은 자녀가 자기 능력에 대해 의구심을 갖게 한다.

맞벌이 가정이 증가하고 자녀와 함께하는 시간이 줄어든 부모들은 다른 방향으로 역할 범위를 확대하고 있다. '이것도 저것도 못해주고 있어서 자녀에게 미안하다'라는 생각으로 더 많은 보상을 해주려는 부모, 아이의 일을 대신해주려는 부모가 늘어난다.

하지만 이상적인 가정의 모습은 자녀 스스로 생활을 주도적으로 꾸려가고, 부모도 자기 돌봄의 시간을 늘려가는 것이다. 자녀가 독립적으로 생활하면 부모는 이전보다 여유가 생기고 양육에 쏟던 시간을 자신을 돌보는 일로 채울 수 있다. 자기 돌봄이 충만한 부모는 마음이 건강해져서 자녀를 더 여유로운 눈으로 바라볼 수 있다. 변화무쌍한 사회를 뚜벅뚜벅 걸어가는, 어른이 된 우리 반 아이들의 모습을 자주 상상해본다. 애정은 충분히 주되 손길은 거둬서, 아이들이 자기주도적인 사람으로 잘 자랄 수 있으면 좋겠다.

인공지능 시대, 질문하는 인간

백 희 정

공주교육대학교에서 국어교육을 가르친다. 최근 저서 『질문에 관한 질문들』을 시작으로 리터러시 교육의 관점에서 '인공지능 시대를 살아가는 인간과 질문의 역할'을 주제로 소통하고 있다.

오픈AI가 개발한 챗GPT나 구글이 개발한 제미나이^{Gemini} 같은 인공지능은 우리가 질문(요청)하기만 하면 몇 초 만에 답을 내놓는다. 어느덧 우리 사회는 평가의 내용과 방법, 학습(업무)에서 인공지능의 활용도를 고민하게 됐다. 교사는 학생이 제출한 과제가 인공지능이 아닌 학생 스스로 해낸 게 맞는지 판단해야 하는 현실적인 문제에 직면했다. 물론 학습 효과를 높이기 위해 인공지능을 적극적으로 활용하려는 움직임도 있다.

똑똑한 인공지능을 대하는 우리의 마음은 혼란스럽다. 편의성을 반기면서도 두려움을 느낀다. 심지어 어떤 인공지능 로봇은 외형까지도 인간과 닮아 불쾌감을 주기도 한다. 우리는 일상에서 인공지능 기술을 활용하면서도 언젠가 이것에 인간의 역할을 빼앗기지는 않을까 우려한다. 학교 현장에서는 이런 변화에 맞추어 여러 방면으로 변화를 모색하고 있다. 주도성을 길러주는 '질문이 살아 있는 수업'이나 토의와 토론, 프로젝트 학습 등을 통해 '질문하는 능력'을 키워야 한다고 강조한다. 이 글에서는 '인공지능', '질문' 그리고 '인간'을 키워드로 많은 이들이 궁금해하는 내용을 좀 더 자세히 다뤄보고자 한다.

생성형 인공지능은 어떻게 작동하나

생성형 인공지능은 텍스트, 이미지, 오디오 등의 기존 콘텐츠를 활용해서 유사한 콘텐츠를 새로 만들어내는 기술이다. 생성형 인공지능을 익숙한 대상에 비유해보자. 흔히, 마인드맵이라고 하는 '생각 그물'은 가운데에 주제어를 쓰고 이와 관련해 떠오르는 생각들을 연결하는 사고 보조도구(도해 조직자)이다. 인공지능은 이용자가 문장으로 작성한 프롬프트(질문 또는 요청)를 단어로 쪼갠 뒤, 각각의 단어와 관련성이 높은 단어들을 주위로 끌어모은다. 주제어를 중심으로 그물을 펼쳐내는 것이다.

생성형 인공지능은 온라인상에 존재하는 디지털 텍스트 중에서 프롬프트에 포함된 단어와 함께 사용될 가능성이 큰 단어들을 예측하고 조합하는 과정을 반복하면서 하나의 응답을 내놓는다. 쉽게 말해 생성형 인공지능의 답변은 치열한 확률 싸움의 결과라 할 수 있다. 우리가 익히 알고 있는 오픈AI의 챗GPT나 구글의 람다^{LaMDA}와 같은 대규모 언어 모델이 대표적인 예이다.

가령 "제주도 2박3일 여행 일정을 계획해줘" 하고 요청하면, 인공지능은 온라인상의 '제주도 여행', '제주도 맛집', '제주도 명소'를 주제로 한 자료에서 '여행', '맛집', '명소'라는 단어를 불러낸다. '2박3일', '여행 일정'도 이와 마찬가지이다. 생성형 인공지능은 여행이나 맛집, 명소, 그리고 2박3일 여행 일정이 담긴 자료에서 확률적으로 이용자가 원하는 정보를 종합해 이렇게 응답을 내놓는다.

〈제주도 2박3일 코스〉

오전: 성산일출봉에서 아름다운 일출을 감상하세요. 일출을 본 후
에는 토속음식으로 유명한 ○○식당에서 아침 식사를 하고 나서,
성산일출봉 근처에서 시작하는 올레 1코스를 따라 산책하며 해변
경치를 즐길 수 있어요.

점심: 섭지코지로 이동해 경치를 감상한 후 성읍민속마을 ○○식
당에서 전통적인 제주 음식과 해산물 요리를 맛보세요. 그 후….

한 줄의 요청에 빠르게 답을 내놓을뿐더러, 얼핏 보기에 사
람이 짠 계획보다 낫다는 생각도 든다. 그렇다면 인공지능에게
우리는 원하는 정보를 어느 정도 얻어낼 수 있는 걸까?

인공지능의 '지능'은 얼마나 믿을 수 있을까

모르는 게 없는 것 같은 생성형 인공지능은 환각을 일으킨다.
'할루시네이션Hallucination'이라고 원문 그대로도 표현하는데, 주
어진 데이터 혹은 맥락에 근거하지 않은 잘못된 정보 혹은 허
위 정보를 그럴듯하게 생성하는 현상을 가리킨다. 인공지능은
인간이 입력한 프롬프트에 어떻게든 '그럴듯한' 답을 내놓으려
고 애쓴다. 그러다 보니 웃지 못할 상황도 생겨난다. "조선왕조
실록에 기록된 세종대왕이 노트북을 던진 사건에 대해 알려줘"

라고 하면 이렇게 답한다. "세종대왕이 한글 창제 과정에서 노트북을 구입했는데, 화면이 너무 작아서 화가 난 나머지 노트북을 집어 던졌어요." 이렇듯 인공지능은 잘못된 정보도 그럴듯하게 만들이내는 재주가 있다. 모든 매체는 현실을 재현하는 과정에서 진실을 다소 왜곡할 때가 있지만, 생성형 인공지능의 위험성은 그에 비할 바가 아니다. 만일 사전 지식이 없는 학습자가 학문 목적으로 생성형 인공지능 텍스트를 활용한다면 잘못된 개념을 갖게 될 수도 있다.

또한 인공지능이 만든 텍스트는 편향성을 띤다. 생성형 인공지능은 인종, 젠더, 종교, 정치적 편견 등을 포함하는 본질적인 문제를 가지고 있다. 최근의 연구 결과를 살펴보면, 연구진들은 생성형 인공지능 챗GPT와 라마Llama에 60여 가지의 정치, 경제 관련 질문을 했다. 챗GPT가 진보적 성향을 띠는 반면, 메타가 개발한 라마는 보수적 성향을 띤다는 흥미로운 결과가 도출되었다. 인간도 편향된 사고를 하지만, 특히 어린 학생들은 텍스트에 숨겨진 편향성을 알아채기 어려울 것이다.

생성형 인공지능은 데이터를 가져올 때 정보의 '질'보다 '양'을 고려한다. 사실 '질'에 대한 평가는 못한다고 보아야 한다. 인공지능이 활용하는 온라인상의 디지털 데이터는 결국 인간이 만들어낸 것이므로 종교, 정치, 젠더, 인종 등의 사안에서 우위에 있는 집단의 이익을 옹호하는 정보가 더 많다. 확률적으로 더 많은 사람이 언급한 데이터, 즉 편향된 데이터를 가져올 가능성이 큰 것이다. 이런 과정에서 인공지능이 생성하는 데이터는 적절치 않은 결과값을 도출할 수 있다. 생성형 인공지능 텍스트를 활용할 때는 그 정보를 완전히 신뢰할 수 없다는 점을 염두에 두고 재검토해야 하며, 정보가 편향성을 지닐 수 있다는 사실도 반드시 염두에 두어야 한다.

'질문'하는 능력도 타고날까

질문은 내가 무언가를 모른다는 인식에서 시작된다. 그리고 그 '무언가'에 관심이 있을 때, 우리는 더 알고 싶은 내용을 쉽게 떠올릴 수 있다. 단적인 예로 우리는 좋아하는 사람이 생겼을 때 그 사람의 모든 것이 알고 싶어지면서 이것저것 물어보게 된다. 관심사를 중심에 두고 서로 묻고 답하면서 알아가는 즐거움이 질문의 원동력이 되는 것이다. 최근 젊은이들 사이에서 MBTI가 인기를 끄는 것도 이와 같은 이유일 것이다.

우리가 타인에게 묻고 또 답하는 더 근본적인 이유는 서로가 불완전하다는 사실을 알고 있기 때문이다. 내가 아는 것을 타인은 모르기도 하고 내가 모르는 것을 누군가는 알고 있다는 사실 또한 안다. 그렇기에 내가 모르는 것을 알 만한 사람에게 물어 지식을 넓히고, 다른 사람에게 내가 아는 지식을 건네주면서 관계를 형성한다. 인간은 서로의 불완전함을 인정하는 가운데 집단지성을 발휘하면서 문명을 이루어왔다. 우리는 질문을 주고받으며 함께 무언가를 알아내었을 때 맞장구를 치며 기뻐하는 즐거움을 동력으로 시식을 쌓아나간다.

그렇다면 질문을 잘하거나 못하는 건 타고나는 게 아닐까? 어떤 능력이든 간에 타고난 기질이 영향을 준다는 점을 부정할 수는 없다. '질문하지 않는 기질을 지녔다'고 여겨지는 인간의 모습을 살펴보자. 어디든 교사와 부모의 말에 토 달지 않고 그대로 따르는 아이가 있다. 사실 이런 경우 전혀 문제를 느끼지 못하고, 그저 착한 아이라 판단하기 쉽다. 하지만 '착한' 아이 중에는 차분하게 어른의 말을 따르는 아이만 있는 것이 아니라 경계심이 많고 겁이 많아 질문이 있는데 꺼내놓지 못하는 아이도 있다. 이런 아이들은 타고난 기질 탓에 영영 질문을 못 하는 채로 살아가야 할까?

전자의 경우 어른의 권위를 거스르지 않으므로 '착하다'고 칭찬하기보다 지속적으로 아이의 생각을 물어봐 주어야 한다. "네 생각은 어때?", "넌 왜 그렇게 생각했어?", "나도 이 부분은 잘 모르겠어. 혹시 알고 있는 게 있어?", "이게 정말 사실일까?"와 같이 자신의 현재 판단이나 정보 그 자체에 도전해보도록 이끌어주어야 한다. 반면 경계심이 많은 아이에게 현재의 생각과 판단에 계속 의심을 품게 하는 질문은 오히려 역효과를 낼 수도 있다. 이런 때에는 아이에게 친숙한 장면에서 사실을 확인하는 질문으로 시작해서, 점차 자기 생각을 재확인하게 하는 질문, 그리고 또 다른 가능성을 염두에 두는 질문으로 넓혀갈 필요가 있다.

질문하지 않는 아이들

요즘 아이들이 점점 질문하지 않는 원인은 무엇일까. 질문을 못 하는지, 안 하는지를 구분 지어 생각해볼 필요가 있다. 질문을 못 하는 경우라면 사전 지식이 부족한 탓일 수도 있지만, 정도의 차이가 있을 뿐 현재 학생 수준에서 더 알아야 할 내용은 반드시 있다. 다만 그 주제에 흥미가 없거나 자신이 무얼 모르는지 몰라서, 또는 질문할 거리가 생겨도 어떻게 물어야 할지 몰라서 그럴 수도 있다.

질문을 하지 않는 경우라면, 특히 우리나라에서는 타인의 시선에 민감한 탓이 크다. 아이든 어른이든 수업이나 강연이 끝날 때 "질문 있나요?"라는 말을 들어도 쉽사리 손을 들지 않는다. 엉뚱한 질문을 해서 비웃음을 사면 어떡하지, 괜히 질문해서 늦게 끝나면 사람들이 나를 원망하겠지, 생각하면서 말이다. 더욱이 또래 관계에 민감한 학생들의 질문을 독려하려면 교실에서 질문하는 사람과 상황에 긍정적인 분위기를 조성해주어야 한다.

질문을 잘하게 하려면 어떻게 해야 할까. 질문만 생각하면 머리가 하얘지는 학생에게는 질문 만능틀을 가르쳐주는 것도 도움이 된다. 틀이라는 것은 유사한 상황에서 반복해서 사용할 수 있는 일정한 패턴인데, 대표적인 예로 육하원칙이라 부르는 5W1H®가 있다. '언제, 어디서, 누가, 무엇을, 왜, 어떻게'는 보도문이나 기사문을 쓸 때 지키는 원칙인데, 이에 기초해서 질문하면 더 정확한 정보를 얻어낼 수 있다. 국어 교과에서 사실적 질문, 추론적 질문, 비판적 질문 등을 가르치는 것도 사고력을 길러주거나 이를 기반으로 텍스트를 이해하도록 하는 목적도 있지만, 일종의 질문 틀을 연습하는 것이기도 하다.

태도의 측면에서는 학생이 '세련된' 인식론적 신념을 갖도록 도와야 한다. 인식론적 신념은 지식이란 무엇인지, 인간이 어떻게 지식을 얻게 되는지에 대한 개인적인 믿음을 의미한다. 세련된 인식론적 신념을 가진 사람은 지식이 합리적인 탐구 과정에서 구성되는 것이라 믿고, 비판적으로 지식을 수용하려는 주도성을 갖는다. 반면 지식이 권위자로부터 주어진다고 여기고, 이미 정해진 거니까 그대로 받아들여야 한다며 소극적인 태도를 보이는 경우도 있을 수 있다. 생성형 인공지능의 편의성은

● '언제(When), 어디서(Where), 누가(Who), 무엇을(What), 왜(Why)' 그리고 '어떻게(How)'. 여기에 '얼마나(How much · many)'를 더해 5W2H 원칙에 따라 쓰면 글이 더욱 명료해진다.

자칫 그런 경향성을 강화할 수 있다. 인공지능이 다 해주는데 내가 구태여 생각할 필요가 있는가 하고 안일하게 생각하는 것이다. 그래서 학생들이 인공지능이 내놓는 정보를 비판적으로 보고 자신이 원하는 지식을 얻을 때까지 끊임없이 탐구하는 태도를 지니도록 이끌어주는 것이 더욱 중요해졌다. 질문이라는 건 결국 현재 내가 지닌 정보나 나의 상태에 대한 '성찰'을 전제로 이루어지는, 상위인지(메타인지) 능력이 요구되는 일이기 때문이다.

인공지능은 인간에게 어떤 영향을 줄까

세계의 리터러시 석학들은 묻는다. 기술의 형태가 읽는 방식과 마음가짐에 어떤 영향을 미치는가. 실제로 우리는 웹상에서 텍스트를 읽을 때 이곳저곳을 돌아다니면서 부분적으로 주의를 집중한다. 하이퍼링크에 익숙해졌기 때문이다. 이러한 읽기 방식은 실제로 우리가 깊이 읽지 못하도록 하는 결과를 낳기도 한다. 기술 형태의 변화는 마음가짐에도 영향을 줄 수 있을까. 준다면, 무엇이 그렇게 만드는 걸까.

생성형 인공지능은 실제로 우리의 정신적 수고를 줄여준다. 인간은 어떤 행위를 할 때 정신적인 수고를 들이게 되는데 이를 인지적 노력이라고 한다. 종이책을 읽을 때와 비교해보면 인터넷 검색을 할 때 인지적 노력을 덜 들이게 된다. 하물며 인공지능이 필요한 텍스트를 모두 찾아주는 상황에서는 더욱 이런 노력을 기울일 필요가 없다. 인간은 본디 인지적 노력을 줄이는 효율적 방식으로 행동한다.(이를 심리학 용어로 '인지적 구두쇠' 성향이라고 한다.) 생성형 인공지능이 복잡한 과정을 대신해주면서 인간이 좀 더 수월한 방식을 선택하게 되는 것은 필연적이며, 이에 대한 의존도도 점점 더 높아질 것이다.

인공지능은 인간이 오감으로 체험할 수 있는 경험의 수준을 확장하고, 지식을 보다 효율적으로 탐색할 수 있도록 돕지만 인간의 자율적인 지식 탐구 과정을 저해할 여지가 있다. 인공지능을 활용할 때에는 인공지능이 내놓는 답이 완성되지 않았다는 것, 비유컨대 계속해서 수정 중인 파일임을 기억해야 한다. 결국 지식을 정교화하고 창조하는 역할은 인간의 몫이며, 인공지능을 활용한 지식 창조의 과정은 인간의 현명한 질문을 통해 가능해진다.

흔히 질문이 무엇인지 물으면 '빈자리 메우기'로 설명한다. 나에게 없는 정보를 외부에서 구해 채워가는 행위라는 의미를 담고 있다. 우리가 알아야 할 지식의 '전체'가 있고, 거기에서 비어 있는 부분을 채우는 과정으로 질문을 활용하는 것이다. 책을 읽는 상황을 가정해보자. 우리는 내용의 사실성 여부를 확인하기 위한 질문, 또는 인물의 말과 행동으로부터 그의 의도를 추론하는 질문을 던질 수 있다. 표면에 드러난 정보 혹은 단서를 통해 찾아낼 수 있는 정보들을 채워나가며 글 내용을 이해하려는 것이다.

그런데 질문의 기능을 이렇게 넓혀보면 어떨까? 빈자리 '메우기'에서 빈자리를 '만들어내는' 행위로 말이다. 우리는 빈자리에 들어갈 무엇(What)을 찾아내기 위해 질문하지만, 여기에 '만약(What if)'을 집어넣으면 기존에 없던 빈자리를 만들어낼 수도 있다. 대안을 찾게 되는 것이다. 예를 들어 책을 읽는 상황을 떠올려보자. 우리는 주인공 A가 실패를 경험하고 집으로 돌아가는 장면을 읽고 있다. 이때 이런 질문을 해보는 건 어떨까? "A가 만약 집에 가지 않으면 어떻게 될까?", "내가 만일 A라면 실패에 어떻게 대처했을까?", "A가 실패를 경험하고 집으로 돌아간 행동에 대해 어떻게 생각하는가?" 하고 묻는 것이다. 인공지능도 답을 할 수 있겠지만 인공지능도 우리도 저마다 다른 답을 내놓을 것이다.

인공지능이 인간의 언어(자연어)를 처리하고 다시, 인간 언어로 정보를 내어주며 '무엇'을 확인하는 일은 어쩌면 인공지능이 한 수 앞설지도 모르겠다. 하지만 책 한 권을 읽어내는 과정에서 우리의 생각과 마음이 성장하는 것은 '만약'을 가정하는 능력 때문이다.

최근 교육현장은 인공지능에 대한 기대와 우려의 목소리로 소란하다. 2025년부터 인공지능 디지털교과서가 교실로 들어온다. 기술 구현의 완전성이나 교사의 활용 이해도는 차치하더라도 디지털교과서를 도입하는 것에 대한 교사와 학부모의 반감은 생각보다 크다. 문해력 저하와 디지털 중독 등을 염려해서다. 반면 교육부는 디지털교과서가 학생 맞춤형 교육을 실현하는 데 기여할 것이라 기대한다.

입장은 다르지만, 이 고민의 공통점은 인공지능이 '학생'에게 어떤 영향을 줄지 '어른'들이 고민한다는 점이다. 왜 학생은 늘 영향받고 끌려가는 존재이기만 해야 할까. 어쩌면 우리는 인공지능을 두려워하는 게 아니라, 질문하지 못하고 앞으로 나아가지 못하는 자신을 두려워하는 건지도 모른다. 다소 엉뚱하지만 기발한 질문들은 인간만이 할 수 있는, 진정한 주체성의 발현이다. 아이들에게도 그 기회를 충분히 주어야 한다. 인공지능이 대체할 수 없는 일, 그래서 사람이 직접 해야만 하는 것이 있다면 그건 바로 '질문'일 것이다. ▨

AI디지털교과서 도입,
멈추거나 늦추거나

《민들레》 편집실

2025년부터 학교에 AI디지털교과서(이하 'AI교과서')가 도입된다. 작년 6월, 이주호 교육부장관이 디지털 교육혁신의 핵심 사업으로 정책을 발표한 후 1년 반 만이다. 학생의 학습 수준과 속도를 분석해 개인별 맞춤 학습을 지원한다는 취지로 도입되는 AI교과서는 2025년 수학·영어·정보·특수(국어) 교과로 시작해 2028년엔 전 과목에 적용된다. 2025년 초등 3~4학년, 중1, 고1에서 2028년 초3~고3까지 확대할 예정이다.

정책을 발표한 지 두 달 만에 AI교과서를 '지능정보화 기술을 활용한 소프트웨어'로 정의하는 '교과용 도서에 관한 규정' 개정안이 국무회의에서 의결되었고, 이에 따라 법적 지위를 부여받은 AI교과서는 속전속결로 추진 중이다. 현재 20여 개의 개발 참여사는 기존의 교과서 발행사와 에듀테크 등 사교육업체들이다. 해당 업체들이 AI교과서를 사교육으로 유인하는 홍보 도구로 활용할 수 있다는 우려가 쏟아지는 가운데, 교육부는 "민간 에듀테크업체와 협력" 중이라면서도 구체적인 대상과 내용에 대해서는 함구하고 있다.(이 정책에 어떤 전문가가 합류하고 있는지도 밝히지 않고 있다.) "외국도 민간업체와 정부가 공동사업을 벌인다"며 다른 나라 사례를 들지만, 외국은 마이크로 소프트나 구글 같은 기업이 사회 환원 차원에서 참여하는 것이지, 우리나라처럼 사교육업체가 이윤을 위해 참여하지 않는다. 일단 외국에는 우리나라 같은 사교육업체가 없다.

"종이교과서도 민간 기업이 만들지만 그것을 사교육이라고 하지 않는다"는 교육부의 반박 또한 종이교과서와 AI교과서의 차이를 고려하지 않은 발언이다. AI교과서를 사용하는 순간, 전국 모든 학생의 학습 정보가 온라인상에 수집되며 악용될 위험도 다분해진다. 그러나 이에 대한 예방책이나 개인정보 이용에 관한 보호 대책은 찾아보기 힘들다. 이주호 장관은 이런 우려를 잘 알고 있다면서 "부작용에 대한 대책을 치밀하게 준비하고 있다"고 말하지만 그 '치밀함'의 구체적인 내용은 확인되지 않고 있다.

당장 내년부터 현장에서 사용될 AI교과서는 아직 베일에 싸여 있다. 지난 8월 7일, 실물 공개를 기대했던 교육부 주최 '교육혁명 콘퍼런스'에서는 교사연수용 AI교과서 시제품만 선보였다. 교육부는 보안상의 이유로 학생용 AI교과서는 11월 말에 공개하겠다고 밝혔다. 아직 개발이 진행 중이며 짧은 시간 안에 검인정까지 마쳐야 하는 과제를 안고 있는 셈이다. 개발에 필요한 기술과 자원이 확보되어 있는지조차 확인되지 않은 상황에, 개발업체들도 혼란을 겪고 있다. "다들 처음해보는 건데 교육부가 내놓은 가이드라인이 모호하고 일정도 너무 촉박하다"며 불만을 표하자 교육부는 민간의 창의성을 발휘하라는 취지에서 가이드라인을 구체적으로 설정하지 않았다고 해명했다.[*] 이런 상황에서 어떤 수준의 AI교과서가 개발될지 우려의 목소리가 크다.

무엇이 어떻게 달라질까

교과서는 교육목적에 맞추어 정해진 학습 내용을 모든 학생들에게 공통으로 제공하는 학습자료다. 교육과정에 따라 교수·학습을 촉진하는 학생용 도서라고 간단히 정리할 수 있다. 지금도 학교에는 디지털교과서가 있다. 학생들은 종이교과서와 함께 교과목 내용을 컴퓨터나 태블릿PC로 보는 디지털교과서를 사용한다. 하지만 이 교과서는 종이교과서를 화면으로 옮겨놓은 수준에 가까운 데다, 추가 학습자료가 풍부하지 못하고 동영상 수준도 낮아 디지털의 장점을 제대로 살리지 못했다는 평가를 받는다.

AI교과서에는 멀티미디어 자료, 평가문항, 보충학습 등의 학습자료가 추가되고, 영상이나 사진, 오디오 등 다양한 교육 콘텐츠가 제공된다. 기존 디지털교과서와 가장 큰 차이는 교사가 원격으로 학습을 지원하고 관리할 수 있는 기능이 추가된다는

● AI 디지털교과서 '장밋빛 청사진'… 현장선 '기대보다 우려', 《세계일보》, 2024. 5. 1.

점이다. AI교과서의 핵심으로 내세우는 기능은 학생 개인 수준에 따른 '맞춤형 교육'이다. AI가 학생의 수업 참여율과 정답률 등을 실시간 분석하고 수준을 파악해 각자의 학습단계를 설계한다. 진도를 못 따라가는 학생은 기본개념부터 다질 수 있게, 진도가 빠른 학생은 자기 수준에 맞는 문제를 제공받아 실력을 더 향상시킬 수 있게 된다는 것이다.

하지만 학습에 어려움을 겪는 학생들에게 수준별 문제를 제공해주는 것만으로 기초학력 문제를 해결할 수 있을지 의문이다. AI교과서가 중상위권 학생들의 복습 기능을 할 뿐, 하위권 학생들은 오히려 학습으로부터 대거 이탈하게 될 거라는 예측도 있다.● 또한 AI교과서에는 선행학습금지법이 적용되어 학생이 측정된 자기 수준보다 높은 질문을 하면 응답이 금지되어 있다. AI가 학습과 진도를 관리하는 방식이 오히려 학생의 자기주도적 학습을 방해할 가능성도 있다는 얘기다.

교육부는 AI교과서가 단순히 교과서의 역할을 넘어 'AI튜터'로서 학습을 지원하고 'AI보조교사'로서 교사에게 학생의 학습 정보를 제공해 지도를 도울 뿐 아니라 지식 전달 중심의 기존 수업을 완전히 바꿔놓을 것으로 기대한다. 학생들이 AI교과서로 학습 내용을 숙지한 뒤, 실제 수업에서는 질문과 토론을 하

● 주성흔(서울교육청교육연구정보원), '디지털교과서, 약인가? 독인가?', 한국교육연구네트워크 월례포럼, 2024. 06. 29.

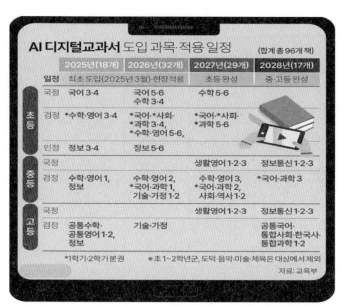

AI 디지털교과서 도입 과목·적용 일정			(합계 총 96개 책)
2025년(18개)	**2026년(32개)**	**2027년(29개)**	**2028년(17개)**
일정 최초 도입(2025년 3월)·현장적용		초등 완성	중·고등 완성
초등 국정 국어 3·4	국어 5·6 수학 3·4	수학 5·6	
초등 검정 *수학·영어 3·4	*국어·*사회·*과학 3·4, *수학·영어 5·6,	*국어·*사회·*과학 5·6	
초등 인정 정보 3·4	정보 5·6		
중등 국정		생활영어 1·2·3	정보통신 1·2·3
중등 검정 수학·영어 1, 정보	수학·영어 2, *국어·과학 1, 기술·가정 1·2	수학·영어 3, *국어·과학 2, 사회·역사 1·2	*국어·과학 3
고등 국정		생활영어 1·2·3	정보통신 1·2·3
고등 검정 공통수학· 공통영어 1·2, 정보	기술·가정		공통국어· 통합사회·한국사· 통합과학 1·2

*1학기·2학기분권   ※초1~2학년군, 도덕·음악·미술·체육은 대상에서제외

자료: 교육부

AI교과서가 도입되는 과목과 적용 일정

는 창의적 수업이 가능하다는 것이다. 하지만 학생이 AI교과서를 가지고 스스로 학습을 하려면 (그 과정이 수업 안에서 이루어지든 과외로 요구되든) 상당한 자발성이 요구된다. AI교과서가 아무리 다양한 기능을 갖추고 있다 해도 학생이 전원을 켜지 않으면 아무 소용이 없다. 결국 '자기주도적인 사람'이라는 미래교육의 지향에 맞춘 AI교과서는 주도성을 길러준다기보다 기존의 주도성을 전제로 진행되는 것이다.

AI교과서가 학생의 학습 수준을 맞춤형으로 진단해준다 한들, 그 이후의 개별지도를 어떻게 맞춤형으로 진행할 것인가 하는 문제가 남아 있다. 더 긴밀한 맞춤형 개인지도가 필요할 텐데, 지금처럼 집단으로 구획된 시간표 속에서는 쉽지 않은 일이다. 결국 AI교과서는 일대일 수업 등 방과후 보충용이나 가정학습용이지 본 수업에서 전체 학생을 대상으로 사용하기에는 무리라는 예측이 가능하다.

한국교육개발원 조사에 따르면 교사 1,000명 중 62.1%가 AI 서비스를 수업에 활용해본 경험이 없다. 교육부는 2028년까지 교사 재량에 따라 AI교과서와 종이교과서를 병용하게 한다는 계획인데, 새로운 환경에 익숙지 않은 교사들의 경우 AI교과서 사용 빈도는 줄어들 수밖에 없다. 교육부는 이 문제를 해결하기 위해 교사의 AI교과서 활용을 돕는 1,200명의 '디지털 튜터'를 양성해 각 학교에 배치할 예정이다. 하지만 디지털 튜터의 역할은 디지털 기기 관리 및 수업 보조이므로, 수업을 주도할 교사의 AI 활용 능력은 여전히 개인의 몫으로 남는다.

AI교과서가 미래교육을 실현할 수 있을까

교육부가 발표한 AI교과서 도입 취지와 목표에는 '성취도', '학습관리', '진단' 같은 표현이 등장한다. 이는 문제풀이에 방점을 둔 기존 패러다임에 기반한 것으로, 미래학습 역량으로 강조하는 비판적 사고와 주도성을 기르는 교육과는 거리가 멀어 보인다. 교육부가 말하는 인공지능은 우리가 흔히 생각하는 챗GPT

같은 거대언어모델LLM이 아니라 학생들의 문제풀이 데이터를 수집, 축적하고 오답 패턴을 예측하는 방식이다. 학원 등에서 이미 활용하고 있는 문제풀이식 디지털 학습지와 큰 차이가 없다는 평가가 나오는 이유다.

교육부는 기존의 지식학습은 AI교과서로 해결한 후 교사와는 토론, 프로젝트 학습, 거꾸로학습Flipped Learning 등 문제해결 역량을 키우는 다양한 참여형 수업을 진행하겠다고 한다. 하지만 2023년 6~7월 조사된 '고교 수업 유형별 학생 참여 실태조사'에 따르면 고등학교 교사 1,200여 명 중 58.6%가 '수업의 상당 부분을 강의식으로 진행하고 있다'고 답했다. 교육부도 이런 문제점을 인지하고 올해 3월부터 초중고 120개교를 '질문하는 학교' 선도학교로 선정해 시범 운영에 들어갔다. 학생의 자기주도적 질문과 토론이 일상화되는 수업 문화를 조성하고, 질문을 통해 창의력과 문제해결력 향상을 도모하겠다는 취지에서다.

교육부는 교사들의 역량 강화를 위해 온라인 플랫폼 '함께학교'에 수업·평가 콘텐츠를 탑재할 수 있는 온라인 게시판을 신설할 계획이다. 이곳에서 교사가 자료를 업로드하거나 다운로드하고, 수업 본보기 영상도 볼 수 있다.● 내년부터 AI교과서

● 다운로드 100회당 복지포인트 1만 원에 상응하는 마일리지를 지급하는 제도가 논란이 되기도 했다. 교육부 관계자는 "MZ 교사들이 좋은 수업 콘텐츠 나눔에 나서게 만들 적절한 보상 체계가 없었다"며 인센티브 도입 배경을 전했다.

를 사용하게 될 교사 15만 명을 대상으로 하반기에 연수도 진행할 계획이다. 하지만 이 또한 준비는 미흡해 보인다. 전국영어교사모임 커뮤니티에 올라온 게시글에서 한 교사는 '하반기 연수 신청을 받으라면서 날짜도, 내용도 전혀 안내되지 않았다'며 당혹감을 감추지 못했다.●

AI교과서 도입에는 윤리적인 문제도 제기된다. 교사가 학생 개개인의 학습 과정을 전부 들여다볼 수 있는 상황은 학생들을 더 통제 상황에 놓이게 할 수도 있다. 누가 어떤 문제를 맞히고 틀렸는지 실시간으로 확인할 수 있는 구조는 학생의 수준을 파악하는 과정으로 볼 수도 있지만, 자칫 거대한 감시망 속의 빅브라더처럼 보이기도 한다. 또한, 온라인 세계에서 학생들이 활용하게 될 지식의 수준도 담보할 수 없다. 김현수 정신과의사는 AI교과서 도입이 "지적 도둑질과 표절, 잘못된 인용과 지식의 배합으로 지식 생태계를 파괴할 것"이라며 "디지털교과서 사업은 학교교육을 회사의 영업활동으로 바꾸어 회사의 공급에 종속되게 할 것"이라고 우려한다.●●

일찌기 첨단기술을 활용해 학생들에게 맞춤형 교육을 제공

● 홍완기, '〈AI 디지털 교과서 이야기, 환상적이기만〉을 읽은 뒤 느낌과 비평', 《교육 제4의 길》, 2024. 8. 14.

●● 이외에도 집중력과 사고력 저하, 건강과 심리 문제, 교육격차 등을 AI교과서 도입에 반대하는 이유로 꼽는다. (김현수, '디지털 교과서, 전면 도입 중단해야', 《경향신문》, 2024. 7. 30)

하고, 학생 개인의 특성과 장점을 살려주는 교육을 하겠다고 나선 학교가 있었다. 구글의 수석 엔지니어가 실리콘밸리 IT기업의 파격적인 지원을 받아 2013년 설립한 알트스쿨AltSchool이다. 최첨단 테크놀로지를 활용해 개인 맞춤형 커리큘럼을 지원하는 미래교육 모델로 주목받았던 이 학교는 몇 해 지나지 않아 학생들의 학력 수준이 눈에 띄게 떨어지면서 제동이 걸렸다. 부모들의 거센 항의는 소송으로 이어졌으며, 9개 알트스쿨 중 5개는 2017년에 문을 닫고 나머지 학교들은 다른 학교에 통합되면서 실험은 실패로 끝났다. 알트스쿨은 폐교로 마무리되었지만, 한국 공교육 전체를 대상으로 이와 비슷한 실험을 하겠다는 교육부의 계획이 어떤 결과로 이어질지 걱정을 거둘 수 없다.

'K-에듀'라는 교육상품

교육부는 AI교과서를 공교육 전체에 도입하는 것이 '세계 최초'라고 강조하며, 개발도 되기 전에 수출을 들먹이고 있다. AI교과서 학습 플랫폼 구축 사업에 참여가 제한됐던 대기업 규제를 푼 것도 AI교과서를 수출 산업으로 육성해 글로벌 시장에 진출하려는 의도로 보인다. 교육계 안팎으로 쏟아지는 우려의 시선에도 아랑곳없이 '세계 최초 K-에듀' 브랜드를 내세우며 '교육부도 경제부처가 되어야 한다'는 대통령의 주문에 따라 교육상품을 개발하고 있는 중이다.

하지만 해외의 디지털교육 흐름은 한국과 다른 방향으로 가고 있다. 2017년 디지털 도구를 선제적으로 도입했던 스웨덴은 6년 만에 종이책 수업과 독서 시간, 필기 연습 등을 다시 강화하기로 결정했다. 6세 미만 유아에 대한 디지털 학습 의무화 방침은 '완전 중단'으로 바뀌었다. 디지털 기기를 활용한 교육 방식이 문해력 저하를 가져온다는 지적이 계속되었고, 실제로 디지털교육 도입 후 학생들의 성적이 눈에 띄게 떨어졌기 때문이다. 캐나다는 초등학교 3학년부터 표현이나 비판적 사고를 기르기 위한 쓰기 수업을 필수 교육과정으로 되살렸고, 프랑스와 네덜란드, 핀란드, 이탈리아 등도 교실 내 모바일 기기 금지 정책을 추진 중이다.

교육부 관계자는 "최근 북유럽의 학습성취도나 문해력 저하는 디지털교육 때문이 아니라 늘어나는 난민 인구 영향이라는 주장도 있다"며 "PISA 성적의 상위권을 유지하는 싱가포르, 대만, 일본 등 아시아 국가들은 디지털교육으로 전환했어도 학력 저하에 대한 논란이 없다"고 말한다. 한국도 서둘러 그 뒤를 좇겠다는 취지의 발언이다.

지식의 생산과 유통 환경이 급격히 변하면서 진짜 지식이 무엇이고, 무엇을 어떻게 배워야 할지 다시 물어야 하는 시대가 되었다. 교육현장에선 학습에 어려움을 보이는 아이들뿐 아니라 정서적 지원이 필요한 아이들이 급속히 늘고 있다. 교육에서 사람과의 긴밀한 상호작용이 더욱 중요해졌다는 걸 말해준다. 하지만 교사들은 부족한 지원 속에서 고군분투하며 애를 먹고 있는 실정이다. AI교과서에 투입되는 예산은 수천억에서 많게는 수조 원으로 예상된다. 교육현장에 정말 시급한 정책은 뭘까. 이 아이들을 교육하는 데 AI튜터, AI교과서가 어떤 역할을 할 수 있을까.

이미 시작된 사업을 당장 멈춰 세울 수는 없겠지만 속도를 늦출 수는 있다. 전문가들은 철회가 어렵다면 최소 1~2년의 준비 기간을 거쳐 도입 시기를 늦출 것을 강력하게 주장한다. 중차대한 교육정책을 왜 번갯불에 콩 볶듯 서두르는지 의혹을 사지 않기 위해서라도 당국은 중론에 귀를 기울여야 한다. 초단기간에 '500만 학생을 위한 500만 개의 교과서'로 '교육 대전환'을 이루겠다는 교육부의 비전이 '교육 대혼돈'을 불러오지 않도록 신중한 접근이 필요한 시점이다. ◣

교육시민으로서의
학부모 되기

오 영

학부모의 교육 참여와 학교교육에 관심을 갖고 관련 주제로 글을 쓰는 작가, 학부모
컨설턴트, 브런치북 『어쩌다 학부모회장에게』를 발간했다.

대한민국 학부모는 오랫동안 교육문제의 한 원인으로 지목되었다. '촌지', '치맛바람'을 지나 근래에 등장한 '맘충', '돼지엄마' 등의 멸칭은 문제행동의 비판에 그치지 않고 학부모에 대한 혐오로 나아가기도 했다. 2023년, 서이초 교사가 순직한 이후에는 학부모 모두 죄인이 되었고, '괴물 부모'란 말도 등장했다.° 일부 학부모의 문제로 시작됐지만 전체 학부모가 괴물로 낙인 찍히는 데는 그리 오랜 시간이 걸리지 않은 듯하다.

문제를 일으킨 '괴물 부모'에 대해 시시비비를 가려 법적 잘못을 처벌하고, 사회적으로 비판하는 것은 당연한 일이다. 하지만 왜곡된 이미지를 근거로 '모든 학부모'를 교육을 망치는 주범인 양 사회적 낙인을 찍고 부풀리는 것은 분명 문제가 있다. 학교교육의 문제는 저출생, 초경쟁, 양극화, 학벌주의, 혐오와 차별 등 사회구조적 문제와 복합적으로 얽혀 있다. 그럼에도 이 모든 것을 논외로 한 채 학부모에 대한 부정적 인식에 근거해 '모든 학부모'를 비난하고 학교교육에서 이들을 배제하려는 흐름이 이어지고 있다. 최근의 교권 회복 논의에서 학부모의

● 빈곤과 무능을 멸시하고 자녀에게 권위적이면서 동시에 타인으로부터는 과잉 보호하며, 기대를 충족하기 위해 수단과 방법을 가리지 않는 부모를 가리키는 말이다. (김현수, 『괴물 부모의 탄생』, 우리학교, 2023)

목소리는 더욱 외면당했다. 더 정확하게 말하면 학부모는 지난 1년간, 학교교육 밖으로 밀려났다.

하지만 서이초 교사가 순직한 지 1여 년이 지난 지금 많은 뉴스에서 언급하듯이 교사들은 교권이 회복되고 교권 침해가 줄어들었다고 체감하지 못한다. 학생의 인권을 제한하고, 학부모의 교육권을 배제하는 것이 교권 회복과 큰 관련이 없다는 것을 지나온 시간이 확인시켜주고 있는 셈이다. 이제 다시, 교권과 공교육을 회복하는 길이 무엇인지 근본적 성찰이 필요하다. 교권, 학생인권, 학부모 교육권은 각각의 권리로서 인정되고 강화되어야 한다. 그리고 각각의 권리가 상호 배제가 아닌 협력과 소통에 근거해 강화될 수 있는 방안을 논의해야 할 때다.

교육주체로 인정받지 못하는 학부모

일반적으로 학교교육의 3주체를 교사, 학생, 학부모라 한다. 국가수준의 교육 3주체는 국가(교육청, 관료), 학교(교직원), 가정(학부모, 학생)이라 하기도 한다. 어느 쪽이든 교육주체라는 말은 "교육의 제반 사항에 대해 선택과 결정, 이행할 자유와 책임을 갖는 주체"를 의미한다. 하지만 학부모는 현실에서 '주체'로서 합당한 권한과 책임을 부여받지 못하고 있다. 교육당국이나 학교뿐 아니라 학부모 자신도 이를 인식하지 못하는 경우가 대부분이다. 학교교육에 실질적인 이해 관계가 있는 사람 중 가장 다수를 차지하고 있음에도 '교육주체로서 학부모'를 호명하지 않고 있으며, 학교운영 주체로서 학부모의 권한이나 책임도 불분명하다.

한국교원단체총연합회(교총), 전국교직원노동조합(전교조) 등 교사를 대표하는 조직처럼 학부모 전체를 대표한다고 인정되는 단체나 조직도 없다.* 최근 각종 교권 대책을 수립하는 논의 과정에서 학부모 배제 흐름이 강화되는 것은 이 같은 학부모의 취약한 대표성에 기인한다고 할 수 있다. 교육의 주체이면서도 교육 권력에서 가장 취약한 위치인 학부모를 모든 문제의 원인으로 지목하는 것이 책임을 전가하는 가장 쉬운 방법일지도 모른다.

하지만 학부모 리더들은 '문제 학부모'를 단죄하기에 앞서 학부모를 교육의 주체이자 학교교육의 진정한 협력자로 인정하는 것이 먼저라고 말한다. 극단적인 '괴물 부모'를 제외한 대다수 학부모는 여전히 학교교육에 협조적이기 때문이다. 그동안 학교는 필요할 때마다 학부모를 손쉽게 활용할 무급 인력 정도로 생각해온 면이 있다. 교통봉사, 학생생활 지도, 시험감

● 충남과 전북 등 일부 지역에서 조례로 운영되고 있는 학부모회 연합회, 협의회는 시군구 단위를 넘어서지 못하고 있다. 참교육학부모회 등 전국 단위의 학부모 단체들이 있긴 하지만 뜻 있는 일부 학부모들로 구성되어 법적 대표성을 띠기엔 부족하다.

독, 체험학습 지원 등 다양한 무급 봉사활동에 동원되면서도 학부모들은 학교를 이해하기 위해 노력해왔고, 학교의 요구에 협조하며 묵묵히 봉사해왔다. 하지만 학교가 원하는 학부모의 역할은 딱 거기까지였다.

많은 학교가 학부모와의 소통에 소극적이며, 학부모들에게 적극적으로 학교를 개방하는 것에 거부감을 가지고 있다. 학부모가 학교에 대해 자세히 알게 되면 자연스럽게 개입도 강화될 것이라고 생각하기 때문이다. 과거 일부 학교에선 학부모들에게 여러 정보를 일부러 축소하여 안내하려는 시도도 있었다. 교육청에서 학부모 대상으로 다양한 교육정책과 학교 참여 방법을 안내하는 연수나 워크숍 등을 개최하는 공문을 학교에 보냈는데, 학부모회에 전혀 전달되지 않은 것이다. 이유를 확인하니 학부모들이 관심 없을 것 같아서, 의무적으로 참석해야 하는 게 아니어서, 학부모들이 많이 알면 학교가 피곤해지기 때문에 공문을 전달하지 않았다는 답이 돌아왔다. 학교의 이런 대처들이 학부모와의 갈등을 촉발한 면도 있다.

학부모가 학교에 대해 자세히 알게 되는 것은 전혀 문제가 아니다. 자세히 알아야 오히려 불신이 줄어든다. 학부모가 학교와 교사를 신뢰하면 문제가 발생해도 학교와 협력하여 해결하고자 노력하게 된다. 학교가 제대로 된 정보를 주지 않거나 학부모와 수평적으로 소통하지 않는다고 느끼면 오히려 오해와 갈등이 생긴다. 학부모가 교육주체가 된다는 것은 선언이 아니라 교사를 포함한 학교 구성원들의 실질적 인정을 통해 완성된다.

이때 학부모는 개별적 학부모가 아니라 "집단으로서의 학부모"를 말한다. 주체로서의 학부모란 학교와 협력하여 함께 학생들을 성장시키고자 하는 '학부모 집단'의 대외적 정체성을 말하는 것이다. 물론 어떤 정책이나 사안에 대해 학부모와 학교의 관점이 다를 수 있다. 어려운 문제에 직면할 수도 있다. 하지만, 이때 문제를 해결하는 방법은 교육주체로서 상호 인정과 소통이지, 책임 전가와 배제가 아니다. 그럼에도 일부 교육단체들은 현재 낮은 수준의 학부모 권한마저 박탈하자고 한다.(학교 운영위원회나 학부모회가 학교를 힘들게만 할 뿐 도움이 안 된다며 폐지를 주장한다.)

학부모교육 만능주의를 경계하며

교육당국은 교육주체로서 학부모를 인정하고 소통 방식을 개선하기보다 교육을 통해 계몽함으로써 '문제 학부모'를 해결하고자 한다. 하지만 현재의 학부모교육은 일부 '문제 학부모'의 행동을 개선하는 데 부적합하다. 사실 이들의 행동을 개선하기 위해서는 연수가 아니라 심리상담 전문가 등이 참여하는 별도의 행동 개선 솔루션이 필요하다.

그럼에도 교육당국은 '학부모'가 문제가 없도록(또는 문제를 일으키지 않도록) 전체 학부모를 교육(계몽)하는 것에 집중하고 있다. 아동학대, 학교폭력, 교권 침해 등 이슈나 교육과정 개정, 입시제도 등 변화되는 교육정책도 학부모교육을 하면 다 해결된다고 생각한다. 그러면서 학부모의 이해와 공감을 얻는 것에는 실패하고 있다. 학부모를 수동적인 교육 대상으로 보면서 주입식 교육을 하기 때문이다.

교육 관련 이슈가 발생할 때마다 각 시·도 교육청이나 학교에 매우 적은 예산을 지원하면서 학부모교육을 하라고 한다. 그러면 학교나 교육청은 스타 강사를 불러 대규모 일회성 연수를 열거나, 학부모의 취미 활동에 관한 연수를 진행하는 등 형식적인 교육을 운영한다. 이런 교육으로 어떤 효과를 얻을 수 있는지 반문하지 않을 수 없다.

학부모가 어떤 교육을 원하는지, 그리고 이를 실현할 방법은 무엇인지, 또 학부모가 꼭 알아야 하는 교육정책과 현안을 어떻게 전달할지 적극적인 고민이 필요하다. 이슈가 있을 때만 반짝 관심을 가질 것이 아니라 중요하게 생각하는 만큼 상시적 운영 시스템을 갖춰야 한다. '학부모들'의 문제를 성토하면서도 그에 대한 대책이라고 주장하는 학부모교육은 언제나 정책 순위에서 밀려났다.

학부모교육을 담당하는 교사들은 교육을 준비해도 참여가 저조하다고 푸념한다.● 하지만 학부모들은 교육에 참여하는 데 가장 어려운 이유로 시간적 여유 부족을 말한다. 맞벌이 부부가 3분의2 가까이 되는 현실에서 대부분 평일 오전에 운영되는 학부모교육에 참여하기란 쉽지 않다. 그럼에도 학부모 설문 결과를 보면 온라인보다는 평일 오전에 직접 참여하고 싶다는 응답률이 높다. 그렇다면 직장인 학부모에게는 눈치 보지 않고 연수에 참여할 수 있는 제도적인 보장이 필요하다.

또 시간적 여유가 있더라도 학부모가 원하는 교육이 아니라면 관심이 떨어지고 참여도 낮아질 수밖에 없다. 학교교육에 중요하고 자녀들에게 직접적인 영향이 있는 정책이라면 기꺼이 참여할 것이다. 더 나아가 학부모가 먼저 나서서 공부하려 할 것이다. 교육당국의 일방적 입장을 전달하는 연수가 아니라 학부모 스스로 학습공동체를 활성화하는 방안이 그 대안으로 제시되고 있다. 교직원들이 자발적으로 전문적 학습공동체를 구성해 연구와 학습을 하듯, 학부모들도 학교교육을 이해하고 학부모의 교육 참여를 높이는 방법에 대해 스스로 연구하고 학습할 수 있어야 한다. 일부 교육청이나 평생학습원 등에서 학부모들이 자발적으로 학습공동체를 구성하면 연수비와 운영비

● 학부모교육은 교사의 업무가 되어서는 안된다. 학부모회가 자발적으로 학부모교육을 운영하도록 하고 행정 담당자가 장소 및 예산 집행 등을 지원하는 방향으로 개선되어야 한다.

를 지원하는 사업을 추진하고 있는데, 참여도와 만족도가 높다.
또한 이런 학습공동체는 학부모의 관심이 높은 학교교육 분야
를 중심으로 운영하기 때문에 학교교육을 이해하는 수준도 높
아진다. 이러한 학습공동체를 활성화하는 것이 일회성 연수보
다 훨씬 효과적일 것이다.

　또한 학부모교육은 장기적인 관점에서 계획을 세우고 효과
를 예상해야 한다. 체계적인 교육시스템과 커리큘럼으로 운영
되어야 하며, 정기적인 추적 연구 등도 병행해야 한다. 학부모
가 교육시민으로 성장하여 학교교육에 참여할 수 있도록 하는
로드맵도 필요하다. 교육의 효과는 학부모의 교육정책 참여 속
에서 더욱 확실히 발현될 것이기 때문이다.

　마지막으로 학부모에 대한 인식 전환과 개선을 위한 교직원
연수가 필요하다. 이는 학부모들이 매우 강조하는 부분이기도
하다. 교직원들은 예전과 달라진 교육 환경을 인정하고 학부모
들의 관심과 참여를 부담스러워하며 수동적으로 대응하기보다
적극적으로 호응해야 한다. 무엇보다 교육당국이 교직원의 학
부모 인식 개선 교육을 추진해야 한다.

교육 '시민'으로서의 학부모

오늘날 '문제 학부모'가 탄생한 데는 사회 구조적 원인이 있다.

하지만 대부분의 학부모는 그런 '문제 학부모'가 자녀의 반에 없길 바랄 뿐, 자녀의 교육을 학교에 맡긴 것으로 자신의 책임을 다했다고 생각한다. 문제가 생겼을 때 학교와 교사에게 책임을 물으면 그만이라고 생각하는 경우도 적잖다. 하지만 자녀의 교육은 학교에서만 이뤄지는 것이 아니다. 가정에서도 일관성 있게 자녀를 교육하려면 권리만을 앞세워 교사들을 다그치기보다는 교사의 어려움이 무엇인지 헤아리고 협력 방안을 모색하며 소통을 통해 신뢰를 형성하려는 노력이 필요하다.

그러려면 다른 OECD 국가들처럼 학부모의 자치적, 자율적 통제를 통해 운영되는 학부모회를 법으로 제정하고 이 제도를 적극 활용해야 한다.[*] 개별화된 학부모가 아니라 '집단적 참여권'을 가진 교육주체로서 학교와 각 시·도 교육청와 교육부에 의견을 개진할 학부모의 대표기구를 설치하여 참여가 보장되어야 한다.[**]

뿐만 아니라 학교운영위원회도 실질적 의사결정기구로서 권한이 부여되어야 한다. 학부모회와 학교운영위원회는 학교-교사와 학부모 사이를 공적인 관계로 엮는 역할을 할 수 있다. 교

● 영국, 독일, 프랑스 등은 법률로 학부모의 교육 참여를 규정하고 있다. 특히 독일의 경우 연방 헌법에 학교와 학부모 간의 협업을 의무화했다. 학교는 학부모에게 학교의 정보를 제공해야 할 의무가 있으며, 기타 법적으로 명시되지 않은 학부모 학교 참여의 권리는 각 주정부, 각 학교, 각 학급이 소통해 해결한다. (박성희 외, 『학부모와 공교육』, 교육과학사, 2019)

●● 2013년 경기도교육청을 시작으로 대구를 제외한 전국 모든 지역에 학부모회 조례가 제정되었지만 조례는 강제성이 없어 실효성이 부족하다.

사와 학부모 사이에 벌어진 갈등도 이런 공적 제도를 통해 해결해야 교사 개인에 대한 과부하가 줄어든다. 사건의 시작은 자기 자녀에 관한 것이지만 끝은 학교교육 전반에 대한 이야기일 수 있기 때문이다. 교사와 학부모가 일대일로 만나면 학생 개인에 대해 말하게 되지만, 집단 대 집단으로 만나면 학교교육에 대해 '공적으로' 말할 수 있게 된다. '괴물 학부모' 문제 또한 다른 학부모들의 집단적 참여 속에서 학부모들에 의해 억제될 수 있다.

사적인 일로 치부될 뻔한 문제를 공적 논의의 장으로 이끈 사례가 있다. 어느 학교에서 코로나 시기 온라인 수업 등으로 기초학습 부진 학생들이 늘어나자, 학부모들의 항의성 민원과 상담이 늘어나 담임교사들이 어려움을 겪었다. 이때 학부모회에서 전체 학부모 설문을 통해 기초학습 부진 학생들의 상황을 파악하고 대책 마련이 필요하다는 의견을 수렴해 교사들과 협의하고 공감대를 형성했다. 그 결과, 학교에서는 기초학습 부진학생을 위한 보충수업을 마련하기로 했다. 이렇듯 합리적인 다수의 학부모가 학교를 휘젓는 일부 학부모를 견제하고 견인하는 흐름을 만드는 것이 필요하다.

작년 9월, 서이초 교사 순직 이후 교사들이 집단 연가를 내고 집회에 참석할 때 일부 학부모들이 이에 대해 강하게 반발했다. 하지만 여러 학교 학부모회에서 전체 학부모의 의견을 모아 교사들의 행동을 지지하는 성명을 발표하면서 일부 학부모의 민원을 철회하도록 만들었다. 더 나아가 학부모들은 그날 교사가 없는 교실에 대신 들어가 학생들을 돌보며 학교와 교사를 지원했다. 이런 사례들은 학교교육 공동체를 복원하고 우리 교육이 올바른 방향으로 나아가는 데 교육주체로서 학부모의 공적 참여가 필요함을 증명하고 있다.

학부모회와 학교운영위원회 같은 공적 제도를 강화하고 협력의 장으로 만드는 문화를 형성한다면 학교와 학부모 사이의 많은 문제들이 해소될 수 있다. 자율과 자치에 기반한 학부모의 교육 참여는 학교교육 회복에 기여할 수 있다. 이를 위해 학부모의 참여는 보다 적극적인 '교육시민 운동'으로 발전해야 한다. 다수의 학부모가 학교교육에 건강하게 참여하면서 소통하고 상호 협력하는 문화가 형성된다면 이러한 문화적 압력을 통해 소수의 '괴물 부모'도 억제될 수 있을 것이다.

학교,
무너진 신뢰를
회복하려면

한 희 정

서울삼양초등학교에서 근무하다 올 2학기부터 서울항동초등학교 교장으로 부임했다.
『비고츠키 아동학과 글쓰기 교육』, 『초등 1학년 열두 달 이야기』 같은 책을 썼다.

2023년 7월, 한 교사가 초등학생에게 폭행당해 전치 3주 진단에 외상후스트레스 장애 진단을 받았다는 소식이 전해지기 무섭게 2년 차 초등교사가 학교에서 스스로 목숨을 놓은 사건이 알려지면서 검은 점들은 시대의 벽화를 그려나갔다. 그간 초등학생에게 폭행을 당하는 교사는 계속 있었다. 스스로 목숨을 놓는 교사도 계속 있었다. 역사는 우연을 가장한 필연이라는 말처럼, 흩어져 있던 불안이 응축된 행동으로 이어질 수밖에 없었던 임계점이 2023년 여름이었던 것이다.

지난 7월 18일, 서이초 박인혜 선생님의 1주기를 앞두고 '교권' 관련 기사가 또다시 쏟아져 나왔다. 교육부는 교권 5법[•] 개정 이후 교권 보장을 위해 이렇게나 노력했고, 교사가 아동학대로 신고 당하거나 기소되는 비율이 낮아졌다고 자화자찬했다. 개정된 법률에는 '정당한 교육활동은 아동학대로 보지 않는다'는 규정을 신설하여 직위해제가 남용되지 않도록 하고, 학교의 민원 처리 책임을 학교장으로 명시했다. 학교에서 열던 교권보호위원회를 교육지원청으로 이관하고, 공무집행 방해나 무고, 반복적 민원 제기를 교권 침해 행위로 추가했다. 보호자

● 「교육기본법」, 「초중등교육법」, 「교원지위법」, 「유아교육법」, 「아동학대처벌법」

에게는 교직원이나 다른 학생의 인권 침해 행위를 금지하고 교육활동에 협력할 의무를 부과했으며, 교권 침해 시 특별교육이나 심리치료 조치를 받을 수 있게 했다. 그러나 이 모든 개정 조항들은 교육활동을 둘러싼 여러 문제를 '예방'하는 것이 아니라 대부분 '사후 조치'에 지나지 않는다. 여러 교원단체의 설문 결과 대다수 교사들이 교육현장의 변화를 체감하지 못한다고 응답한 이유가 여기 있다.

교사가 아동학대로 신고당하거나 기소되는 비율이 낮아졌다는 교육부의 발표 역시 잘못된 것이고, 실은 신고 비율과 기소 비율 모두 올라갔다는 지적도 나왔다. 교권보호위원회 심의 건수가 두 배 가까이 늘었다는 정부 발표가 이를 반증한다. 법과 제도의 변화를 현실에서 체감하기까지는 시간이 걸린다. 그러니 좀 더 지켜볼 필요도 있다.

그러나 개정된 교권 5법이 지닌 한계는 너무나 분명해서 교사들의 교육활동을 보장해주지 못하는 것이 현실이다. 교육현장에서 강하게 작동하는 관행을 거스를 만큼 직접적이고 실질적인 지원이 거의 없기 때문이다. 교육감이 교육활동을 침해한 학부모를 고발했다는 기사가 당장 화가 난 학부모나 학생에게 전혀 영향을 주지 못하는 것은 당연하다. 물론 안 하는 것보다는 낫겠지만 이런 조치는 실효성이 없을뿐더러 문제를 해결하는 근본적인 대책이 될 수 없다.

그것은 최선의 해결책이 아니다

교사에게 전치 3주의 부상과 외상후스트레스 장애를 입힌 6학년 초등학생은 지난해 7월, 교권보호위원회를 통해 '강제전학'이라는 최고 수준의 처분을 받았다. 후속 보도가 없어 모르겠지만 우리는 이렇게 질문할 수 있다. 그 학생은 강제전학 이후 어떻게 되었을까, 전학 간 학교에서는 잘 지내고 있을까? 어느 누구도 그럴 거라고 긍정적인 답을 할 수 없을 것이다. '폭탄 돌리기처럼 강제전학 처분을 내리면 그것으로 끝일까?' 이런 질문에 다다르게 되기 때문이다.

시간을 거슬러 올라가보자. 그 학생은 왜 친구와 교사를 폭행하는 행동을 하게 되었을까. 그런 학생을 왜 담임교사는 혼자 감당해야 했던 것일까. 사과를 하지 않아 비난을 받았던 그 부모는 아이를 키우면서 어떤 다른 비난들을 받았을까. 어떤 피해의식이 현재 상황을 이성적으로 바라보지 못하도록 가로막고 있는 것일까? 이런 질문에 대한 답을 찾아가는 과정 없이 법령에 의한 '처분'으로 몰아가는 것이 최선의 해결책일까?

위 사례는 교권 5법이 개정되기 전의 일이다. 그렇다면 교권 5법 개정 이후에는 달라졌을까? 여전히 같은 상황에 같은 처분이 내려지고 있을 거다. 처분 이후 그 학생과 가정에 대한 지원은? 없다. 뿐만 아니라, 어떠한 지원을 한다 해도 이미 늦었다.

학생이 그런 행동을 보이기 시작했을 때 즉시 개입하고 지원했어야 한다. 그러나 우리 사회의 법과 제도는 초기에 개입하고 전문적으로 지원하기 위해 세금을 쓰는 일에 무척이나 인색하다.

요즘 아이들의 정서행동에 문제가 많다고 아우성을 쳐서 겨우 도입한 것이 '학생정서행동검사'다. 2012년 도입된 이 검사는 보호자에 의한 자기보고식 설문으로 진행된다. 여러 번 검사 문항을 수정했지만 교사가 보기엔 '눈 가리고 아웅하는' 꼴이다. 부모의 거짓 응답이나 편향된 주관적 응답으로 얼마든지 '관심군'이나 '위험군' 판정을 피해갈 수 있다. 부모 입장에서는 아이를 문제아로 낙인찍는 것 같아 솔직히 답하기 두렵기도 하고, 판정을 받아도 실제로 도움되는 지원을 받을 수 있을 거라는 믿음이 없기 때문에 응답 신뢰도가 떨어진다. 그래서 내가 주장했던 것이 초등학교 1학년 교실의 '전문가 모니터링'이다.

일본의 아동상담소에서 학교에 작업치료사를 지원하는 것처럼 정서행동에 어려움을 보이는 학생이 있는 경우 공적 기관인 아동상담소에 의뢰하면 작업치료나 심리상담 전문가가 교실 행동을 관찰하고 진단에 근거하여 부모와 협의하는 방식이다. 문제가 되는 행동을 진단하고 학생의 강점과 약점을 파악하여 전문가, 담임교사, 부모가 협의를 통해 '도달할 수 있는 단기목표'를 정하고 함께 협력하는 것이다. 1차 단기목표가 어느 정도

달성되면 그다음 목표를 정해서 학생 스스로 교실 공동체에 소속감을 느끼면서 성장할 기회를 줄 수 있다. 이런 현실적 지원이 쏙 빠진 교권 5법 개정은 국민적 여론에 몰려서 서둘러 제정한 면피용 입법에 지나지 않는다.

교육이 불가능한 교실

학교현장에서 느끼는 또 하나의 거대한 장벽은 '학부모의 동의'라는 절차다. 관찰을 통해 여러 어려움이 드러나는 학생의 행동을 부모에게 전하는 것 자체가 교사들에겐 큰 스트레스다. 특히 경계선 지능이나 지적장애 의심이 드는 경우, 과잉행동장애나 적대적 반항장애 조짐이 보이는 경우 부모에게 어떻게 전달하고 그다음을 진행해야 할까 걱정하는 것이 감정 소진의 큰 영역이 되었다. 교직 경력이 25년 넘은 나도 학부모에게 종합심리검사를 권유했다가 비난과 모욕을 당한 적이 한두 번이 아니다. 여러 행동관찰과 학습관찰 기록 등을 보여주고 설명해도, 필요하다면 검사를 받겠다고 답하는 부모는 거의 없다. 그나마 검사를 받은 학부모들은 몇 달에 걸친 상담 끝에 겨우 설득되었거나 '교사, 당신 말이 틀렸다는 걸 입증하겠어' 하는 반발감으로 검사에 응한 경우뿐이다.

왜 그럴까? 우리 사회에 강하게 작용하는 '낙인 효과'에 대한 부정적 경험, 비합리적 예단 때문일 것이다. 초등학교 5학년 담임을 할 때 한 아이가 1학년 수학 문제도 풀지 못한다는 걸 파악하고는 부모와 몇 차례 상담 끝에 종합심리검사를 하고 '지적장애' 판정을 받았다. 늦어도 너무 늦었는데 부모는 아이가 특수학급에 가서 수업하는 것을 끝까지 반대했다. 친구들이 무시할 거 '같으니까' 특수학급 수업은 안 된다는 것이다. 초등 5학년의 학습 내용을 이해하지도 못하고 교실에 앉아 있는 것보다 특수학급에서 아이 수준에 맞는 학습을 통해 성취감을 맛보게 하는 것이 더 필요하다는 설득은 무용지물이었다.

여기서의 '관행'이란 교사에겐 어떠한 결정권도 없으며, 그저 부모가 요구하는 대로 해야 한다는 점이다. 교사의 전문적 판단은 작동할 여지가 없다. 부모가 반발해서 교육청에 민원이라도 넣으면 골치 아프다는 면피가 실제 교육현장에서 이렇게 작동하고 있다. 결국 특수학급 수업은 무산되었고 개별화 지원 방안을 의논했다. 그 학생은 원래 교실에서 1학년 수학 교과서로 공부를 하고 나머지 학생들은 5학년 수업을 하는 풍경이 펼쳐졌다. 과연 '낙인'은 어디에서 발생하는가?

우리 사회가 만들어낸 낙인 효과, 그로 인한 피해의식은 다양한 방식으로 작용한다. 초등학교 1학년 때 자폐 스펙트럼으로 특수교육 대상자가 된 학생이 있다. 남이 보기엔 '공격적' 행동이지만 그 학생 입장에서는 '방어적' 행동이거나 자기 몸이 움직이는 범위를 예측, 통제하지 못해 문제가 발생하는 경우가 대부분이었다. 그러나 그 아이의 부모는 '완전통합'●을 요구하는 동시에 특수교육 실무사의 수업 지원까지 거부했다. 특수교육 대상자라는 것이 담임교사를 제외한 어느 누구에게도 알려져서는 안 된다는 것이 그 이유였다. 오로지 담임교사만 이 학생을 돌봐야 한다고 으름장을 놓았다. 그 결과, 다른 학생의 부모로부터 지속적인 민원이 들어왔다. 그 학생이 오늘 우리 애한테 이렇게 했다더라, 담임이 뭐하고 있는 거냐, 이런 내용이었다.

"그 학생이 자폐가 있어서요. 의도적인 공격적 행동은 아닙니다." 이 한마디를 하지 못하고 속으로 끙끙 앓던 담임교사는 결국 대상포진에 이명 현상, 정신과 치료 등으로 휴직을 했다. 여기서 기능하지 않은 것은 학교장의 리더십, 민원 처리 의무 이행이다. 학부모와 소통할 생각 없이 '교사, 당신 책임이야' 하며 모르는 척하는 교장, 교감이 교사들 마음에 또 한 번 상처를 준다.

교사와 학교교육 시스템에 대한 신뢰의 붕괴는 교육 불가능한 교실을 만든다. 개정했다 할지라도, 지금의 교권 5법은 무너진 신뢰를 회복하는 법이 아니라 신뢰의 붕괴를 방치하거나 가

● 특수교육을 받지 않고 계속 일반교실에서 수업을 받는 것.

속화하는 역할을 한다. 2024년 대한민국 학부모 중에 '담임교사'를 신뢰한다고 응답하는 학부모는 얼마나 될까? 우리 반 학부모와 신뢰 관계가 형성되었다고 응답하는 교사는 또 얼마나 될까.

신뢰를 구축하는 다른 길은 없을까?

아이의 상태에 따라 통합적인 교육 지원이 가능한 미국의 포괄적 학습자 지원체제(CSSS, Comprehensive Student Support System)● 나 일본의 아동상담소처럼 필요한 지원을 적기에 받을 수 있게 지원해주는 시스템을 도입하는 것이 조금 먼 미래의 일이라면 그 미래를 조금이라도 앞당기기 위해 할 수 있는 일은 없을지 고민하다가 '학생생활규정'(과거의 '교칙')에 따른 생활교육위원회를 떠올렸다. 교육부나 교육청이 나서서 구멍을 막지 못한다면 단위 학교에서 막을 방법을 찾아야 했다.

　서이초 사건 이전인 2022년 「초중등교육법」에 교사의 생활지도권을 명시한 법률 개정이 이루어졌고 이 조항에 따른 교육부의 고시(훈령), 전국 모든 학교의 교칙이 개정되었다. 학생의 전인적인 성장과 인권을 존중한다는 방향하에 만들어진 생활

● 한희정, '교육력 회복, 정서행동위기 학생 지원이 기본이다', 《민들레》149호, 88~90쪽 참조.

지원 수준	정의	핵심 대상	지원 유형
1 모든 학생에 대한 기본 지원	교실에서 이루어지는 다양한 학생 지원	모든 학생	• 수업 개입 • 보편적/학교 전체 프로그램
2 협력을 통한 비형식적 추가 지원	교실에서 교사가 제공하는 이상의 추가 지원	위기 행동의 징후를 보이는 학생	• 상담 지원 • 간헐적 지원 • 행동지원계획
3 학교와 지역 공동체 후원 프로그램	승인 기준에 기초한 심화 지원	가벼운 혹은 상황적 곤란을 겪는 학생	• 초기 개입 서비스 • 목표가 분명한 학교 프로그램 • 국어가 제2 외국어인 학생 • 영재, 특수아동 • 초등학교 적응 프로젝트 • 소외 학생 또는 위기 학생 • 임신, 10대 부모 • 상담 지원 • 학생, 학부모의 권리 안내 • 장기 입원 지원 • 지역공동체 프로그램
4 교육부, 유관 기관의 특성화된 지원	특별 평가나 법적 기준에 기초한 높은 수준의 지원	일반적·일상적 문제를 겪는 학생	• 특정 지역 공동체 기반 서비스 • 대안학습센터 • 조기 대학입학 허용 • 직업훈련 • 중도중복장애 학생
5 다양한 기관의 강력한 지원	여러 기관의 강력한 지원, 학교 안팎의 치료 및 교정	심각한 혹은 복잡한 문제를 겪는 학생	• 강력한 프로그램 • 다양한 기관 연계 서비스 • 지역공동체 기반 교육 • 체류 및 처치 프로그램

광적 학습자 지원체제
1수준 ~ 5수준

규정에는 학생의 문제행동으로 인한 학교생활의 어려움을 지원할 수 있는 근거 조항들이 있다. 저학년 때부터 문제행동이 지속되지만 학부모의 비협조로 손을 쓰지 못하는 경우, 대부분

3학년이나 4학년이 되면 학교폭력 가해학생으로 신고를 당하거나 개정된 법에 따라 수업 방해 학생으로 분리 조치 등을 받게 된다. 이런 가능성이 높은 학생들을 조기에 진단하고 지원할 방법을 찾아보자는 것이다.

초등학교 1학년 때 담임교사를 수시로 울리는 아이가 있었다. 아무렇지도 않게 자기 할 일을 잘 수행하다가도 본인이 한 번 하기 싫다고 한 것은 끝까지 거부하며 물건을 집어 던지거나 욕설을 퍼부었다. 담임교사는 여러 차례 부모와 상담을 하면서, 먼저 진단을 받으면 좋겠다고 권유했다. 검사를 받겠다고 두 번이나 약속했지만 2학년이 되도록 검사는 진행되지 않았다. 2학년이 되자 수업 방해는 물론 교사에게 폭력을 가하는 상황까지 벌어졌다. 이를 담임교사에게만 맡길 수 없다는 판단으로 학교에선 생활교육소위원회를 열어 교감, 안전생활부장, 상담사가 부모를 만났다. 해당 학급을 지원하는 보조인력 3명과 상담사, 담임교사와 교과전담교사가 기록한 행동관찰일지를 기반으로 무엇을 지원해야 할지 협의하고 학교의 지원으로 '종합심리검사'를 받기로 약속했다.

여기까지가 이 일의 진행 상황이고, 검사 결과가 나오면 그 이후의 길은 어떻게 찾아갈지 아직은 모른다. 다만 이 사례에서 눈여겨볼 점은 정서행동위기 학생을 담임교사가 오롯이 혼자 감당하게 하지 않았다는 점이다. 교사 개인의 책임에 맡기는 것은 교사의 '교육활동'을 보호하는 것도, 더 나아가 '보장' 하는 것도 아닐뿐더러, 아이의 성장과 발달을 위한 길은 더더욱 아니라는 믿음으로 학교 구성원들은 돌다리를 건너가고 있다.

학교에 생활교육위원회만 있는 것은 아니다. 위기학생 지원을 위한 '학생맞춤형 통합지원팀', 지역사회가 함께하는 '교육후견인제', 문제행동의 교정을 지원하는 '긍정적 행동중재 프로그램(PBS)'도 있다. '학생맞춤형 통합지원'은 산발적으로 흩어져 있는 지원 프로그램을 학생이 겪는 어려움에 맞게 조정하고 지원해주는 프로그램으로, 21대 국회에서 3개의 법안이 발의되었으나 회기 종료로 폐기 처분되어 현재는 법적 근거 없이 대통령 공약에 기반한 정책으로만 시행 중이다.

서울시교육청에서 지원하는 '교육후견인제'는 어려운 환경에 있는 학생을 마을의 후견인과 매칭해서 학교급이 바뀌어도 지역에서 지속적으로 돌볼 수 있게 학교와 지역이 협력하는 제도다. '긍정적 행동중재'는 전문가가 교실을 관찰하면서 위기학생의 행동과 교실의 특성을 파악하고 그에 맞는 문제해결 방식을 찾을 수 있게 조력하는 제도다. 아주 작은 씨앗이지만 도움이 필요한 학생과 가정, 교실에 희망의 온기를 전해줄 수 있는 제도들이다. 이 모든 것들을 통합하여 어려운 아이들을 초기에 지원할 수 있는 법적 근거, 학생맞춤형 통합 지원 법안이 22대

국회에서 제정되기를 바라고 있다. 특히 상황이 심각한 경우 보호자 동의 예외, 특수한 경우 학교급 간 정보 제공 보장, 관련 예산의 교부, 전문적 인력 양성 등이 절실하다.

교사는 가르치고 싶다, 학생은 배우고 싶다

2023년, 뜨거운 아스팔트 위에서 교사들이 외쳤던 구호 중 오늘도 가슴에 깊이 남아 있는 것은 '교사는 가르치고 싶다. 학생은 배우고 싶다'는, 너무나 명확한 두 문장이다. 대부분의 교사들이 가르치는 것을 좋아한다. 하나라도 더 가르쳐주고 싶다. 학생들은 배우는 것을 즐거워한다. 억지 배움이 아니라 본능적으로 새로운 것에 반응하며 그 경험을 자기 것으로 만드는 일을 좋아한다. 그 단순한 행위를 가로막는 것은 교육이 불가능한 교실을 만드는 여러 제약들이다. 그 제약 중 가장 비교육적인 것이, 그래서 넘어서기 어려운 것이 정서행동위기 학생들에 대한 지원 부족이다. 그런 학생들을 가르치려다가 아동학대 신고를 당한 교사들이 주변에도 여럿이다. 그 후 급속도로 '상관하지 말자, 그러다 나만 다친다'는 냉소가 퍼져나갔다. 저학년에서 문제를 파악하고 해결할 수 있게 지원하지 않으면 더 큰 그림자가 되어 교실 전체를 위협할 것이다.

　'우리 교육의 길, 이대로 괜찮을까?'라는 의문 앞에 검은 점들이 모였다면 이제는 괜찮지 않은 길을 벗어나 다른 길을 만들어갈 때다. 긴 세월 속에 무너진 신뢰의 회복은 더디고 어려울 것이다. 하지만 조금씩 현장의 실천들이 쌓이면 또 다른 길이 보이고 그 길은 단단해질 것이라 믿는다.

기초학력보다 중요한 것

차 선 령

전남 목포석현초등학교 교사. 여덟 살들과 함께 교실에서 울고 웃으며
신짜 어른이 되어가는 숭이다. 《교육언본 창》에 교육일기를 쓰고 있다.

"1 더하기 1, 기역 니은 디귿을 누가 못 가르쳐. 걱정하지 마."

1학년 담임을 처음 맡은 내게 선배 교사가 응원 같은 위로를 해주셨다. 하지만 현실은 만만치 않았다.

"선생님, 물방울 1개랑 1개는 합치면 1개예요!"

"방구는 한 번 뀌고 또 뀌어도 빵(0)인데요?"

"숫자가 점점 커지면 맨끝은 뭐예요?"

초등학교 1학년에게 세상은 신기한 것투성이다. 가만히 지켜보니 아이들은 매 순간 세상에 적응하기 위해 어른만큼 힘껏 살고 있다.

"선생님, 친구한테 편지 쓸 건데 '안녕' 어떻게 써요?"

"오징어 다리가 많아요? 낙지 다리가 많아요?"

"치타하고 매하고 경주하면 누가 더 빨라요?

아이들은 알고 싶은 게 많다. 끝이 없는 질문 속에 8세 나름의 치열한 고민이 느껴진다. 온통 물음표로 가득한 1학년과의 수업에서 내가 바로 세워야 할 것은 '무엇을 가르치느냐'가 아니라 '어떻게 가르치느냐'였다.

두서가 없는 것 같아도 수업 시간에 오가는 수많은 말들의 흐름에 핵심 내용이 용케 숨어 있다. 물론 그것을 수업으로 연결하기까지의 여정은 험난하다. 나는 '아이들의 말'을 귀하게 여기기로 했다. 그들이 처한 현실에서 일어나는 이야기들로 서로 질문하고 함께 답을 찾아가는 과정에 집중해서 수업을 구상한다. 수업에 활용하는 소재는 1학년의 생활 그 자체다.

- 매일 부르는 친구의 이름으로 자음 모음 소리 익히기
- 방정환 선생님의 어른에게 드리는 글 따라 하기
- 그림자의 진하기가 궁금하다는 친구의 질문에 답 찾기
- 친구가 낸 덧셈과 뺄셈 문제 서로 해결하기
- 마트에서 장보고 싶은 물품 고르면서 계산하기
- 친구와 함께 놀이하며 1~100 숫자 띄어 세기
- 수학 비교 표현을 사용하여 문장 만들기

쓰고 싶은 것, 말하고 싶은 것, 세고 싶은 것, 알고 싶은 것들을 1학년 교육과정 성취 기준에 맞게 담는다. 개개인의 학습 수준을 찬찬히 살펴보면서 모두의 참여를 유도하고 한 명 한 명이 유의미하게 배울 수업을 세밀하게 준비한다. 아이들 스스로 답을 찾아야 할 상황에 처하게 한다. 아이들은 더 나은 해결 방법을 찾기 위해 생각을 모은다. 바로 답을 찾지 못하고 헤매는 과정에서 더 깊이 파고든다. 친구와 서로 가르쳐주면서 확실히 알게 되고 친구의 설명에서 더 잘 배운다. 이렇게 성취를 느낀 아이는 다음에도 또 해내고 싶어진다.

누구나 잘하고 싶은 욕구가 있다. 느리고 집중이 어려운 아이들도 수업에 참여하고 싶어 애를 쓰며 답답함을 느낀다. 이때 어른의 역할은 아이의 그 불편한 시간을 줄여주는 거다. 배우고 싶은 마음이 들면 아이들은 정말 빨리 배운다.

기초학력, 그보다 더 기초적인 것

사실, 수업을 힘들게 하는 것은 단순히 맞춤법이나 기호와 공식을 늦게 터득하는 아이가 아니다. 수업 내내 한마디도 하지 않고 가만히 바닥만 내려다보는 아이, 하기 싫은 것은 하지 않겠다며 하루 종일 연필을 잡지 않는 아이, 의도를 파악하지 못하고 엉뚱한 대답만 하는 아이, 자기 말을 들어주지 않으면 소리 지르는 아이, 집중하지 못하고 돌아다니며 돌발행동을 하는 아이, 크게 울거나 공격적인 행동으로 친구들을 두렵게 하는 아이들이다.

1학년이 필수적으로 성취해야 하는 최소한의 읽기·쓰기·셈하기 능력인 기초학력의 가장 밑바탕에 있어야 할 '무엇'이 빠져 있는 거다. 그것을 명명할 단어를 찾자면 '정서행동'이 아닐까 싶다. 이 정서행동위기를 극복하지 않으면 수업은 시작도 못할 판이다.

1학년에서 소통 능력이 떨어지거나 적응이 힘든 상황을 극복하지 못하면 학년이 올라갈수록 친구 관계에도 어려움을 겪는다. 학습과 생활은 긴밀한 관련이 있다. 수업 내용을 이해할 수 없어 과제를 해내지 못하거나 정서행동의 불안정으로 수업에 참여할 기회를 놓치는 부정적 경험이 누적되면 자신감을 잃게 되어 학교생활이 즐거울 리 없다. 수업 시간이 불편할 아이를 위해 어른들이 길을 터줘야 한다.

교사 혹은 부모라는 이름의 어른들은 자기 편의나 만족이 아닌 '아이의 성장'이라는 같은 방향을 바라봐야 한다. 부모님은 낳고 길러온 '내 아이'에 대해 잘 안다. 교사는 학교에서 지켜본 '아이들 속의 그 아이'를 잘 안다. 역할과 강점이 다른 서로가 놓칠 수 있는 부분을 채워주며 빈틈없이 지도하면 아이는 서서히 변한다.

학부모와의 공조

3월 초, 수업 내용을 따라오지 못해 불편함을 느낄 아이들의 부모님께 협력을 요청했다. 네 분께서 이런 답을 주셨다.

"우리 애 스트레스 받지 않게 아무것도 시키지 마세요."

더 구체적으로는 (우리 애가 부족함이 있더라도) 자녀가 성인이 되면 원하는 가게 등을 차려줄 것이니 지금 한글이든, 연산학습이든, 개별행동이든, 친구 관계든 개선하려고 스트레스 주지 말고 아이가 하고 싶어 하는 대로 두라는 말이었다. 1학년 담임을 수년 맡으면서, 가장 어려운 학부모 유형이었다. 그러나 아이를 위해 나는 다시 설득했다.

"부모님의 그 결정, 훗날 아이가 원망하지는 않을까요?"

이 말에 학부모 두 분이 교사 의견에 따르겠다는 반응을 주셨다. 이후 한 분도 다시 연락해서 기존의 입장을 바꾸셨다.

"신경 못 써준 게 미안해서 아이가 원하는 대로 다 해주었어요. 학교에 가면 문제가 나아질 줄 알았는데. 선생님 말씀 들으니 저도 아이가 걱정됩니다."

"어머님, 아이는 분명 나아집니다. 약속드릴게요. 가정에서 도와주셔야 아이의 불편함이 빨리 줄어듭니다."

아이의 변화를 목표로 학부모들과의 공조가 시작되었다.

"학교에서 있었던 일을 말하는데, 발음이 뭉개져서 알아듣질 못하겠더라구요. 또박또박 책 읽기 연습을 한 달 동안 했는데 학교에선 어때요?"

"선생님 말씀대로 잘 정리된 방 사진을 붙여놓으니 그걸 보면서 주변을 정리하기 시작해요."

"욱하는 공격성이 쉽게 나아지질 않네요. 가족회의를 해서 결국 의사 선생님 제안대로 ADHD 약을 먹어보기로 했어요. 친구들도 변화를 느낄 수 있어야 할 텐데. 선생님, 같이 살펴봐주세요."

아이를 중심에 두고 진심을 전하니, 부모와 교사 사이를 가로막았던 벽도 조금은 허물어졌다. 아이를 바로 서게 하는 어른이라면 자리 정돈하기, 고마움과 미안함 표현하기, 바르게 대답하고 인사하기, 시간 약속 지키기와 같은 좋은 버릇을 들이도록 도와주어야 한다. 자기 이야기를 편안하게 조잘대는 아이 곁에서, 아이가 더 여유 있는 선택을 할 수 있게 방향을 함께 찾아주는 거다. 학교를 위한 게 아니라, 아이의 삶을 위한 것이다.

1학년은 특히 뭔가 익숙지 않거나 두려울 때, 자신 없거나 싫은 일을 해야 할 때 스트레스를 받는다. 어쩌면 세상에 적응하는 자체가 스트레스다. 하지만 어른이 그걸 다 막아줄 수 없다. 스트레스를 이겨냄으로써 자신감이 생기고, 어려움에 부딪혀가며 결국 해냈음을 인정받을 때 행복을 느낀다. 노력하는 자신을 도와줄 어른이 있다는 믿음이 생길 때 안정을 느낀다. 어른들의 인정과 믿음을 품은 아이는 스트레스를 건강하게 다스리는 힘이 생긴다.

같이 아이를 바라볼 때 생기는 일

"인천에… 가주세요."

8년 전, 1학년 우리반에서 7명의 '부진 학생' 중 가장 '부진'한 건이가 부탁했다. 입을 전혀 떼지 않던 건이는 기초학력 진단검사도 치를 수 없어 0점을 받았다. 학기 초부터 7월까지 한 마디도 하지 않더니 매일 대화의 시간을 가지며 선생 혼자서 묻고 답해온 끈질김에 감복했는지, 입을 뗀 첫마디가 전남에서 인천을 가자는 거였다. 이유를 알아야 갈 수 있다는 말에 아이는 피를 토하듯 힘겹게 단어 더미를 내뱉었다.

캄보디아에서 한국으로 시집 온 어머니가 집을 나간 2년 동안, 거의 매일 엄마에게 전화를 걸었던 건이. 가까스로 통화를 한 후 어머니가 인천에 있다는 걸 안 모양이다. 아버지와 상담해보려고 했으나 연락이 되질 않아 무작정 건이를 따라가서 가정방문을 했다. 아버지도 말을 심하게 더듬는 장애가 있다는 것을 알게 되었다. 다문화, 장애, 한부모 가정. 건이가 그간 입을 떼지 않은 것은 도와달라는 신호였다.

나는 매일 일대일로 건이를 만나 부지런히 보충 지도를 했다. 하고 싶은 이야기를 구사하고, 내 물음에 답하고, 그것을 글로 표현하여 소리 내어 읽고 고치는 데 긴 시간을 할애했다. 계속해서 아이에게 언어 자극을 줬다. 마을에 계시는 돌봄 선생님과 협의하여 아침, 저녁, 주말, 방학 중 아이의 빈틈을 촘촘하게 채워주기 위해 같이 역할을 나눴다.

군청에 요청해서 사회복지사, 행정담당자와 함께 아버님을 다시 만났다. 아버님에게도 상담과 교육이 필요했다. 아버님에게도 건이를 잘 키워보고 싶은 마음이 있으셨다. 딱 한 가지를 부탁드렸다. 매일 저녁 학교에서 있었던 일들을 아버님 앞에서 이야기하라는 숙제를 낼 것인데 정성 들여 끝까지 들어주신 후에 꼭 한번 안아주시라고. 장문의 문자를 어머니에게도 남겼고 어렵게 통화할 수 있었다. 어머니와의 통화는 함께 흐느끼다가 끝났다. 울먹거리면서도 나는 당부를 잊지 않았다. 건이와 일주일에 한 번은 시간을 정해서 꼭 통화를 해주시라고.

군청, 교육지원청에 건이를 도울 지원 방법을 알아보고 신청했다. 2년 연속으로 담임을 맡아서 모든 일들이 끊기지 않고 꾸준히 이루어지도록 살피고, 독려하고, 응원했다.

이제 중학교 2학년이 된 건이는 제법 굵어진 목소리로 전화를 걸어온다.

"선생님, 저 밴드부에서 기타 쳐요."

"엄마가 선생님한테 안부 전해달래요."

"수학 50점 받았어요. 중간고사보다 점수가 올랐어요."

여전히 건이의 기초학력은 부족한 수준이지만 크게 걱정하지 않는다. 자기 속도대로 힘껏 크고 있기 때문이다. 아버지, 어머니, 학교, 지자체, 교육청 모두가 '건이의 성장'이라는 한 방향을 바라봐준, 극히 드문 사례다. 하나라도 어긋났다면 변화는 쉽지 않았을 거고 누군가 상처를 받았을지도 모른다. 관건은 각자 자리에서 최선을 다해주신 건이의 아버지와 어머니였다. 엄마와 떨어져 있지만 건이가 정서적 안정을 되찾은 건, 아이와 함께 하는 시간의 양보다 공감과 교감의 질이 중요하다는 걸 말해준다. 정서가 안정된 아이는 느려도 해내고자 하는 의지를 낸다. 정서가 안정되지 않으면 학교에서 제공하는 모든 학습 자극을 튕겨낸다.

교사의 노력만으론 안 된다

기초학력 미달과 학습 부진이 사회문제로 부각된 것은 어제오늘 일이 아니다. 많은 예산과 인력을 투입해 왔음에도 여전히 문제다. 이런 아이들에 대해서는 '진단'을 강조한다.

국가수준 교육과정에서 정한 성취 기준에 맞는 진단 도구 문제를 풀이하여 누적된 결과에 따라 제공되는 활동지를 가지고 받침 단어에 오류가 많으면 집중 연습하고, 받아올림이 있는 덧셈에 오류가 많으면 비슷한 유형의 셈을 반복해 연습한다. 이런 지도로 부진이 해소되면 정말 감사하다. 하지만 대개는 그렇지 못하다. '기초를 익히지 못한 학생'에 대한 진단의 초점을 '익히지 못한 문제'에 두기보다 '익히지 못한 시기', '익히지 못한 이유'까지 종합적으로 판단해야 아이에게 실질적으로 필요한 지원을 할 수 있다.

학교는 개별 맞춤형 지도와 따뜻한 상담을 기반으로, 힘을 합쳐줄 가정과의 소통에 최선을 다해야 한다. 더 나은 삶과 사회를 꾸릴 시민을 기르는 것이 교육의 목적이라면 기초학력 정책은 교과학습 지원을 넘어서 심신이 건강한 미래세대를 키워내는 큰 그림 속에 진행되어야 한다. 교육문제의 근본적인 원인을 초기에 예방할 적극적인 개입이 필요하다. 지금은 모든 퍼즐이 한 칸씩 미뤄져 있는 느낌이다.

1학년의 배움은 다른 학년과 조금 다르다. 1학년에서의 좋은 학습 경험들이 쌓여 흥미, 호기심 등 내재적 동기를 형성한다. 1학년 아이들은 자기 삶과 관련되어 직접 영향을 미치는 것을 쏙쏙 빨아들인다. 그렇게 보면 1학년, 가르치기 절대 쉽지 않다. 그럼에도 좋은 선생님이 되고 싶어서 1학년을 맡으면 누워도 잠들지 못하는 병이 도진다. 오늘 교실에서 있었던 일들이 파노라마처럼 펼쳐지고, 가르침의 욕구가 불타올라 조급하게 화를 낸 내가 떠올라 이불을 걷어찬다. 혼자 애를 쓰다 지쳐서 가만히 아이들을 바라보고 있으면 아이들은 내 욕심과 상관없이 자기들이 배우고 싶은 데까지, 딱 배울 수 있는 만큼만 품는다는 사실을 깨친다.

여덟 살, 이 아이들의 온전한 학습을 위해 가장 필요한 것은 무엇일까. 아이의 발달과 삶, 안정을 우선하는 제도가 밑바탕이 되어 든든하게 받쳐주어야 하고, 교과 학습과 인성 지도를 학교에서 탄탄하게 책임져야 한다. 가성과 학교, 사회는 아이의 성장을 위해 든든한 조력자가 되어야 한다.

지금 쏟아지는 교육정책의 중심에는 정말 아이들이 있는가. 어른들의 편의나 만족은 아닐까. 사회는 저출산 위기의 짐을 누군가에게 떠넘기고 있지 않은가. 기초학력을 다지는 일, 정말 학교만 잘하면 되는가. 교사인 나 혼자 이렇게 용을 써서 해결할 일인가. 오늘도 나만 심각한 것 같다. ▨

과학책에서
육아의 지혜를 발견하다

박순우

제주도에서 작은 글방을 운영하며 책을 읽고 글을 쓴다. 『아직도 글쓰기를
망설이는 당신에게』를 썼고, 《오마이뉴스》에 육아 일기 '육아 삼쩜영'과
인터뷰 '제수 이민 10년 차들을 만나다'를 연재 중이다.

아이를 키우는 건 겹겹이 늘어선 산맥을 마주하는 일과 같다. 시기마다 새로운 어려움이 찾아온다. 첫아이를 출산한 뒤 가장 당황스러운 건 모유 수유였다. 인간은 젖을 먹여 새끼를 기르는 포유류인데 모유 수유는 저절로 되지 않았다. 아무리 낑낑대며 자세를 잡고 노력해봐도 아이는 제대로 젖을 빨지 못했다. 전문가에게 물으니 선천적으로 수유가 특히 어려운 가슴이라고 했다. 전문가의 도움을 받고도 수유에 실패한 나는, 결국 유축기와 분유의 도움을 받아야 했다. 의문이 들었다. 이런 것들이 없던 시절에는 다들 어떻게 모유 수유를 했을까.

『총, 균, 쇠』로 유명한 재레드 다이아몬드의 『섹스의 진화』와 데즈먼드 모리스의 『털 없는 원숭이』를 읽고서야 여성의 가슴 모양이 수유를 하는 데 그리 알맞지 않다는 걸 알게 되었다. 다른 동물 암컷들은 보통 임신과 출산을 해야만 가슴이 부풀어 오르는 데 반해 인간 여성은 항상 큰 가슴을 갖고 있다.

이런 차이의 원인을 과학자들은 긴 양육 기간에서 찾는다. 인간은 오랜 기간 보호를 받아야 비로소 독립을 할 수 있다. 아이를 기르며 식량을 얻고 안전을 지키려면, 여성과 남성이 힘을 합치는 편이 낫다. 여성의 월경 주기가 겉으로 드러나지 않고, 여성의 가슴이 항시 큰 것은 남성과 오래 함께 육아를 하기 위한 진화적인 이유가 숨어 있다고 한다.

과학자들은 여성의 가슴이 수유보다는 성적인 부위로서 더 진화한 것 같다고 추측한다. 침팬지나 고릴라는 유방의 윗부분이 납작하고 아래쪽은 불룩해 작은 새끼가 젖꼭지를 입으로 물기 어렵지 않다. 하지만 여성의 유방은 위 아래가 다 볼록해 아기가 젖꼭지를 입에 딱 맞춰서 물기가 쉽지 않다. 갓난아기와 엄마는 오랫동안 함께 훈련을 해야만 수유에 성공할 수 있다. '포유류인데도 모유 수유는 왜 이렇게 어려운가' 하는 의문이 과학의 설명으로 해소되었다. 과학 속에서 육아의 지혜를 얻을 수도 있다는 걸 깨닫는 순간이었다.

첫째는 돌이 지난 무렵부터 유독 코끼리를 좋아했다. 아직 혀가 짧아 '코끼리' 발음도 시원찮은 녀석이 코끼리가 나와 있는 책만 보면 좋아서 궁둥이를 들썩였다. 매일 코끼리를 그려달라고 보채서 하루에도 수십 마리의 코끼리를 스케치북에 그려야 했다. 코끼리가 나오는 책은 모두 책장에서 꺼내 바닥에 쌓아두고 읽어달라 졸라낸 적도 있었다.

코끼리에 대한 관심은 점차 공룡으로, 곤충으로 옮겨갔다. 아이는 관련 책들을 가지고 와 내 무릎 위에서 펼쳐 놓았다. 아이와 함께 책을 보다 보니 점점 동물의 세계가 재밌다고 느껴졌다. 어린이책이 담아내지 못하는 더 깊은 동물의 세계가 궁금해져서, 인근 도서관에서 동물에 관한 책을 빌려왔다. 새로운 세계가 흥미롭기도 했지만, 점점 커가는 아이와 더 깊은 이야기를 나누고 싶기도 했다. 제주도 시골에 살면서 아이가 강한 지적 호기심을 보일 때 이를 채워줄 수 있는 방법은 하나라고 생각했다. 함께 이야기 나누기. 기꺼이 아이의 관심사를 따라가며 같이 수다 떨 수 있는 상대가 되기. 그런 마음으로 시작한 과학책 읽기가 육아 그리고 아이들의 성장을 이해하는 데도 큰 도움이 되고 있다.

분류학의 역사 속에서 아이들을 이해하다

첫아이가 세 살 무렵, '휘핏'이라는 품종의 날렵한 개 여섯 마리가 있는 카페에 우연히 가게 되었다. 아이는 보자마자 "멍멍!" 하며 개라는 걸 인식했다. 주변에 개를 키우는 사람이 없어서 아이는 태어나 개를 많이 보지 못했다. 개 종류에 대해서도 잘 알지 못한다. 개만큼 생김새나 색깔, 크기가 각양각색인 동물이 또 있을까. 그런데도 아이는 몰티즈와 불도그, 그레이하운드가 모두 '개'라는 걸 알고 있었다. 따로 배운 적이 없는데도 이렇게 다양한 개를 하나의 종으로 인식하다니, 본능인 걸까.

궁금증이 풀린 건 캐럴 계숙 윤의 분류학 책 『자연에 이름 붙이기』를 읽고 나서였다. 책에는 움벨트umwelt라는 개념이 나온다. 독일어로 환경, 주변 세계, 나아가 세계관을 뜻하는 움벨트는 생명 세계를 바라보는 인간 특유의 감각을 지칭한다. 저자는 공룡처럼 종류가 다양한 생물을 아이들이 쉽게 분류하고 인식하는 걸 움벨트로 설명한다. 과학의 토대가 아니라 인간의 감각에 기대 있던 분류학의 지난 역사를 짚으면서, 인간에게 내재돼 있는 움벨트를 끌어온 것이다.

움벨트가 발달한 까닭은 이런 능력이 생존과 직결되기 때문이다. 뱀을 만났을 때 '이게 무슨 동물인가', '해로운가 이로운가'를 판단하는 데 시간을 쓰기보다 즉각적으로 위험을 알아채고 몸을 피하는 게 더 안전할 것이다. 잘못된 대응이라 할지라도 의학이 발달하지 않은 상황에서는 일단 안전한 것이 최우선이다. 그런 상황에서 한참 관찰하고 탐색하는 유전자보다 재빨리 파악하고 도망치는 유전자가 더 많이 살아남았을 가능성이 크다.

그제야 배운 적이 없어도 온갖 종류의 개를 하나의 생물로 인식하는 아이를 이해할 수 있었다. 그러고 보면 아이는 이름과 생김새가 무척 다채로운 그 많은 공룡들을 너무나 쉽게 분류하고 구분하며 받아들였다. 포켓몬스터의 경우 캐릭터가 1천 개가 넘는

캐럴 계숙 윤,
『자연에 이름 붙이기』,
정지인 옮김, 윌북,
2023.

데, 관심 있는 아이들은 이 많은 캐릭터들의 이름과 능력, 진화 과정을 꿰고 있다. 단지 어려서 스펀지처럼 흡수하고 잘 기억하는 걸까 궁금했는데 움벨트라는 개념으로 단번에 이해할 수 있었다.

육아를 돕는 과학적 지식들

두 살 터울의 둘째가 태어난 후, 두 아들은 대여섯 살이 되자 싸움 놀이를 시작했다. 폭력적인 걸 잘 보지 못하는 나는 싸움 놀이를 하지 않는 아이들로 키우고 싶어서 칼이나 총 같은 무기류 장난감을 사주지 않았다. 그런데도 아이들은 희한하게 인형보다 로봇을 집었고, 길쭉한 물건을 보면 칼이라고 했다. 무기류 장난감을 사주지 않아도 블록으로 칼이나 총 모양을 만들어서 가지고 놀았다. 서로 붙잡고 뒹구는 몸싸움 놀이도 빼놓지 않았다. 집에서 폭력을 전혀 쓰지 않았는데도 그랬다.

남녀의 성차는 문화에서 기인하는지, 본성에서 기인하는지 궁금했던 나는 세계적인 영장류 학자인 프란스 드 발이 쓴 『차이에 관한 생각』을 집어들었다. 이 책은 이에 관한 여러 실험 결과를 소개한다. 어려서부터 장난감을 통해 젠더의 편견이 아이들에게 흡수된 거라고 말하는 사람들이 많지만, 실험에서는 성별에 따라 타고난 선호도 차이가 확연히 드러났다.

원숭이들에게 장난감을 나눠주면 트럭 같은 운송 수단 장난감은 주로 수컷이 가지고 놀고, 인형은 암컷이 더 많이 갖고 놀았다. 『털 없는 원숭이』에는 남자아이들이 레슬링 같은 힘겨루기 놀이를 통해 힘 조절하는 법을 배운다는 이야기가 실려 있다. 얼마큼 힘을 주면 상대가 다칠 수 있고, 얼마큼 힘을 줘야 재미로 즐길 수 있는지 놀이로 익힌다는 것이다.

반면 여자아이들은 돌봄 놀이를 자주 한다. 어린 암컷 침팬지 역시 돌멩이 따위를 허리에 얹거나 품에 안아서 돌보는 놀이를 하는 모습이 자주 관찰된다고 한다. 대다수 동물의 육아가 암컷에게 치중되어 있는 점을 살펴보면 이런 경향성의 진화적 이유는 충분해 보인다. 동생을 낳으면 언니나 누나인 큰아이가 아기를 인형처럼 돌봐준다는 이야기를 들은 적이 있다. 자기도 어리면서 동생을 챙기는 여자아이들 모습을 주변에서도 종종 볼 수 있다. 하지만 둘 다 아들인 우리 집에서는 그런 다정한 모습을 보기 어려웠다. 첫째와 함께 육아를 해볼까 했던 은근한 기대는 일찌감치 접어야 했다.

첫째가 다섯 살 무렵, 내게 "엄마, 남자는 파랑, 여자는 분홍이

데즈먼드 모리스,
『털 없는 원숭이』,
김석희 옮김,
문예춘추사, 2020.

야?" 하고 물었다. 그런 말을 대체 어디에서 들었냐고 물으니 어린이집 선생님께 들었다고 했다. 어린아이에게 근거 없는 편견을 심어주는 어른이 야속했다. 요즘 세상에 그런 사람이 어디 있냐고 말하는 사람도 있겠지만, 여전히 세상은 남자아이에게 파랑을, 여자아이에게는 분홍을 권한다.

마트나 문구점에서 아이들 용품을 사려고 할 때마다 선택지가 파랑 아니면 분홍이라는 현실에 낙담하곤 한다. 노랑과 연두, 초록, 보라 등은 다 어디로 갔는지, 제조사들은 여전히 케케묵은 색깔 개념을 아이들 용품에 적용한다. 어른들도 은연중에 남자아이와 여자아이의 색을 구분한다. 아이들은 자연스레 남자와 여자의 색이 따로 있다고 느끼고, 물건을 선택할 때도 그 영향을 받는다. 하지만 여러 실험 결과, 장난감과 달리 색에는 성별 선호 차이가 없는 것으로 나타났다. 아이들은 편견이나 선입견 없이 세상에 태어난다. 고정관념을 아이들에게 심어주는 건 어른들이다. 아이들 앞에서 하는 말과 행동이 조심스러운 이유다.

프란스 드 발,
『차이에 관한 생각』,
이충호 옮김,
세종, 2023.

『차이에 관한 생각』은 침팬지 도나의 사례도 소개한다. 건강한 암컷이었던 도나는 다른 암컷들에 비해 수컷에 가까운 행동을 더 많이 보였고, 발정기가 되어도 다른 암컷처럼 짝짓기를 하거나 생식 능력을 과시하는 행동을 하지 않았다. 동물행동학 연구에서는 도나와 같은 사례가 종종 목격된다고 한다. 이를 통해 저자는 양성을 스펙트럼으로 바라봐야 한다고 말한다. 한 쪽 성의 특성이 확실한 두 봉우리가 있고, 그 사이에는 중첩된 특성을 가진 여러 개인이 존재한다는 것이다.

성에 따른 차이는 분명 있지만 개인에 따라 그 차이는 다를 수 있다. 동물들은 그런 차이로 편을 나누거나 차별하지 않는다. 책을 읽으며 차이를 인정하되 성을 이분법적으로 바라보는 시선은 자제해야 한다는 교훈을 얻었다. 여자답다, 남자답다는 말이 누군가에게는 폭력적으로 들릴 것이다. 나는 두 아이가 머리를 기르고 싶어 하거나 자주 눈물을 보여도 "남자답지 못하다"는 말은 절대 하지 않는다. 아이들이 편견에서 벗어나 자기다운 모습의 어른으로 자랄 수 있도록 돕고 싶어서다.

얼마 전에는 김학진 교수의 『뇌는 어떻게 자존감을 설계하는가』를 읽었다. 최근 들어 친했던 친구들과 멀어졌다 화해하는 과

김학진,
『뇌는 어떻게
자존감을
설계하는가』,
갈매나무, 2023.

정을 거치면서 자존감이 조금 떨어진 아이를 보며 내가 어떤 도움을 줄 수 있을까 고민하던 찰나 집어든 책이었다. 자존감을 높이는 방법으로 언급된 건 '자기감정 인식'이었다. 감정은 몸의 항상성을 유지하기 위해 드러나는 것으로, 감정이 발생했다면 분명 이유가 존재한다고 한다. 아이가 자신의 감정이 무엇인지 알고, 근원의 이유를 찾아내는 습관을 들이는 게 자존감 향상에 도움이 된다는 것이다.

그래서 아이들에게 함께 감정 일기를 써보자고 제안했다. 그날 겪은 감정 중에 가장 인상 깊었던 한두 가지를 골라 무슨 감정인지, 왜 그런 감정이 들었는지 이유를 적어보기로 한 것이다. 아이들은『아홉 살 마음 사전』을 수시로 꺼내 보며, 자신이 겪은 감정의 이름을 찾고 이유를 간단히 적는다. 긍정의 감정도 부정의 감정도 모두 자연스러운 감정이라는 사실을 말해주고, 감정을 솔직히 표현하되 타인을 해치는 행동은 안 된다는 걸 알려주고 있다.

이런 과정은 사춘기에도 도움이 된다고 한다. 사춘기 아이들은 보통 '헐', '짱나', '미친' 같은 몇 단어로 감정을 뭉뚱그려 표현하는데, 감정을 세분화해서 인식하면 변화무쌍한 자기 감정을 더 섬세히 이해할 수 있다. 아직 사춘기는 오지 않았지만 부디 이 과정이 아이들에게 조금이라도 도움이 되기를 바란다.

과학커뮤니케이터인 김상욱 교수는『떨림과 울림』에서 이렇게
말한다.

"과학자로 훈련을 받는 동안, 뼈에 사무치게 배운 것은 모르
는 것을 모른다고 인정하는 태도였다. 모를 때 아는 체하는 것
은 금기 중의 금기다. 또한 내가 안다고 할 때, 그것이 정확히
무엇을 의미하는지 물질적 증거를 들어가며 설명할 수 있어야
했다. 우리는 이것을 과학적 태도라고 부른다. 이런 의미에서
과학은 지식의 집합체가 아니라 세상을 대하는 태도이자 사고
방식이다."

아이들은 어릴 적부터 서로 아는 것과 가진 것을 두고 경쟁
을 벌인다. 특히 잘 모르는 것도 안다고 말하며 허세를 부릴 때
가 종종 있다. 과학적 태도를 아
이들과 일상에서 실천하고 싶어
이렇게 말한다. 모르는 것을 모
른다고 말하는 건 부끄러운 일이
아니라고. 무엇을 모르는지 알아
야 무엇을 알고 있는지도 정확히
파악할 수 있다고.

어쩌다 보니 과학을 공부하며

김상욱,
『떨림과 울림』,
동아시아, 2018.

육아를 한다. 육아는 이전에 경험한 그 어떤 일에도 비견할 수 없을 만큼 험난한 여정이다. 좀 알겠다 싶으면 곧바로 거대한 벽에 부딪힌다. 그때마다 처방책처럼 과학책을 펼친다. 생생한 과학적 사실과 신비로운 진화의 세계에 빠지다 보면, 길이 조금씩 열리는 느낌이다. 내 양육 방식을 확신하기보다 의심하는 사고방식 역시 과학에서 배웠다.

내가 신뢰하는 건 과학이 가진 지식의 총량이 아니라, 끊임없이 스스로를 의심하고 진리를 탐구하는 과학의 자세다. 아는 것과 모르는 것을 구분할 줄 알고, 수용하고 순응하기보다 의심하며 진리를 추구하는 아이들로 길러내고 싶다. 나 역시 무엇이 옳은지 명확히 알기 어려운 세상에서 조금이라도 더 옳은 것을 구분하는 눈을 갖고 싶어 오늘도 과학책을 뒤적인다. 육아育兒는 육아育我이고, 과학책은 최고의 육아서이니.

학습자 주도성, 미래교육의 거대한 착각
남미자 외 씀 | 경기도교육연구원 기획 | 학이시습 | 23,000원 | 2021

'학습자 주도성' 개념의 사상적, 정책적 계보를 그리면서 현실에서
어떻게 구현되고 왜곡되어왔는지를 밝힌다. 루소에서 출발해 듀이와
비고츠키 등을 거쳐 오늘날 미래교육 담론으로 들어온 '학습자 중심'
개념이 5·31 교육개혁에서 '수요자 중심'이라는 경제 용어와 동의어로
사용되기 시작하면서 어떤 한계에 갇히게 되었는지를 이야기한다.
미국의 알트스쿨, 일본의 학습자 주체 교육, 한국의 혁신 초등학교와
대안학교를 넘나들며 수집한 수업 관찰과 면담 자료들은 현재 우리
교육에서 학습자 주도성이 위치한 맥락을 보여주면서 새로운 방향
설정을 생각해보게 한다. AI 기술의 발달로 학생의 자율과 선택에 기반한
개별화 교육이 가능해진 오늘날, AI교과서 도입을 서두르고 있는 한국
교육의 현재와 미래를 짚는 데 중요한 시사점을 제공해준다.

알고리즘에 갇힌 자기 계발
마크 코켈버그 씀 | 연아람 옮김 | 민음사 | 15,000원 | 2024

과학기술이 우리 자신의 세계를 온전히 통제하고 스스로를 더 나은
존재로 계발할 수 있다는 환상을 갖게 만드는 오늘날, 각종 소셜
미디어는 자아를 규정하는 특별 과제를 수행하는 현장이 되었다. 느린
속도로 진행되던 인문주의식 자기계발은 이제 화려하고 신속한
자기계발로 바뀌었다. 오늘날 자아는 계속 만들어지는 중이고,
정기적으로 업데이트가 필요한 것이 되었다.
저자는 기술 발달로 무한히 확장하는 자기계발의 현주소를 점검하고
강박적인 자기계발 문화를 탈피하는 새로운 시각을 모색한다. 고립된
자아가 아니라 우연과 타인의 영향을 받을 수밖에 없는 조건 속에
놓여 있는 자신을 더 깊이 이해하고자 하는 이들을 위한 자기계발서의
메타 버전이라고 할 수 있다.

무기력의 비밀

김현수 씀 | 에듀니티 | 18,000원 | 2023

정신과의사이자 교육자인 저자가 진료실과 지역사회, 학교 현장에서
아이들을 만나고 치료해온 경험을 바탕으로 요즘 아이들이 왜
무기력해졌는지를 조망한다. 요즘 청소년들의 무기력은 원인이 아니라
결과라며, 어른들이 만든 '승자독식 사회', '획일성에 따른 평가',
'끝없는 서열화'가 아이들을 무기력하게 만들었다고 주장한다.
이긴 자만이 주목받는 사회적 시스템에서 그렇지 못한 아이들이
무기력해지는 것은 필연적이다. 잠자는 아이들을 깨우기 위해
역설. 긍정, 환대, 참여, 존중, 격려의 중요성을 이야기하며,
무기력의 유형별로 어떻게 도와야 하는지도 자세히 정리해놓았다.
'나 좀 내버려두라'는 아이의 태도를 반항이나 게으름으로 여기지
말고, 소리 없는 비명이자 구조 신호로 알아차려야 한다고 강조한다.

주도성

김덕년 외 씀 | 교육과실천 | 22,000원 | 2023

최근 학교교육의 중심에는 '학생 주도성'이 있다. 전현직 교사인
9명의 저자는 널리 쓰이는 이 말을 쉽게 흘리지 않고 질문한다.
'주도성이란 무엇인가', '학교 안에서 주도성이 나타난다는 것은 어떤
의미인가' 하는 근본적 질문부터 이를 어떻게 기록하고 평가할 것인지
구체적 질문까지 던지고, 각자의 연구와 실천으로 그 답을 찾아간다.
독립성이 부족한 학교 현실에서 교사와 학생의 주도성, 학교의
자율성이 발휘되기 위해서는 교육과정 자율성뿐 아니라 교사의 도전을
지원하기, 학생의 흥미와 재능을 지원하기, 학부모와 연대하기 등이
필요하다고 말한다. 초등학교 자치회, 중학교 프로젝트 수업과
고등학교의 진로 지도 등 주도성이 실현되고 있는 학교현장의
구체적인 사례도 주목할 만하다.

수능 해킹

문호진 · 단요 씀 | 창비 | 23,000원

킬러 문항 사태, 의대 정원 확대, N수생 논란… 한국사회에서 '수능'을
둘러싼 논란은 끊이지 않는다. 수능 사설 모의고사 출제에 참여했던
의사와 소설가가 사교육 현장에서의 경험과 취재를 바탕으로 수능이
얼마나 기괴한 방식으로 변질되어 있는지를 밝혀낸다. 수능의 부조리,
불평등이 계급 재생산 등 사회 곳곳의 문제와 연결되어 있음을 지적하고
교육, 나아가 수능의 변화를 위해 우리가 해야 할 일을 제언한다.

달려라 아동상담소 빛을 향하여

안도 사토시 씀 | 강물결 옮김 | 다봄 | 17,000원

일본에는 아동상담소가 있다. 아동학대 전문 기관으로 가정, 학교,
지역사회와 연계해 어려움에 처한 아동을 돕는다. 저자의 전작 『나는
아동학대에서 아이를 구하는 케이스워커입니다』에 이어 생생한 현장
이야기를 소설로 담았다. 학대 사례의 대처 과정, 가정의 재통합을 위한
사회적 노력 등을 구체적으로 엿볼 수 있다. 한 아동의 어려움을
사회적으로 연대하여 함께 해결해가는 과정이 인상 깊다.

엄마라는 이상한 세계

이설기 씀 | 오월의봄 | 17,000원

육아는 본래 쉽지 않지만, 근래 한국사회에서는 더욱 어려운 일이
되었다. 쏟아지는 정보의 홍수 속에 불안한 부모들은 거대한 육아산업
시장으로 내몰린다. 발달을 자극하라, 아이에게 공감해 줘라…
전문가들의 조언은 끝이 없다. 육아는 어쩌다 이렇게 어렵고 복잡한
일이 되었을까. 엄마라는 이름으로 흔들리며 균형을 찾아가는
한 여성의 이야기에 이 시대의 모습이 고스란히 담겨 있다.

세상 멋져 보이는 것들의 사회학

오찬호 씀 | 북트리거 | 17,500원

혁신적인 기술은 우리 삶을 획기적으로 바꿔놓는다. 차별과 혐오에
관한 연구를 꾸준히 해오던 사회학자가 혁신을 키워드로 질문을
던진다. 피임약, 수세식 변기, 에어컨… 실타래처럼 얽혀 있는 기술과
사회, 개인의 복잡한 관계를 짚고, 편리함과 안락함 너머 무엇이
있는지를 짚는다. 혁신의 미래에 대한 기대와 우려가 교차하는
가운데, 기술에 압도되지 않는 삶의 자세가 필요하다고 역설한다.

기후변화가 전부는 아니다

마이크 흄 씀 | 홍우정 옮김 | 풀빛 | 16,800원

저명한 기후과학자인 저자는 기후 문제는 심각하지만 모든 것을 기후
탓으로 돌리고 싶은 유혹을 경계해야 한다고 조언한다. 종말론적
기후주의가 가진 위험성과 시야의 협소도 경고한다.
'이러다 인류가 멸종할 수도 있다'는 시한부 주의를 완화하고,
가치의 다원성을 인정하며, 다원적 목표를 추구할 것을 촉구한다.
기후변화에 대해 올바른 과학, 사회과학 연구의 방법도 제시한다.

나는 얼마짜리입니까

6411의 목소리 씀 | 노회찬재단 기획 | 창비 | 20,000원

드러나지 않지만 오늘도 제자리를 묵묵히 지키는 이들이 있다.
물류센터 직원, 주부, 건설노동자, 대리운전기사… 우리 삶을
지탱해주고 있지만 목소리를 듣기는 어려웠던 다양한 직업군의
노동자들이 자기 이야기를 기록했다. 화려하진 않지만 솔직하고
투박한 문장으로 독자들을 낯선 삶의 현장에 초대한다. 노회찬
재단이 기획해 《한겨레》에 연재하던 '6411의 목소리'를 엮었다.

전국 독자모임

강원 강릉
매월 1회 | 강릉청소년마을학교 날다
kezmann@hanmail.net

강원 동해
매주 수, 오전 10시 반 | 서호책방
seohobooks@naver.com

강원 인제
매주 금, 오전 10시 반
책방나무야

강원 춘천
매월 1회 | 가정중학교
카카오ID Rainbow-96

경기 고양 (새로 생긴 모임)
매주 화, 오전 10시 | 온라인
카카오톡ID bodulbaram

경기 남양주
매월 첫째 토, 오전 9시
위스테이별내
카카오ID songsong_gamza

경기 수원
매월 둘째 화, 오전 10시 | 온라인

경기 안산
매월 둘째 넷째 목, 오진 10시 반
마을숲작은도서관

경기 양평
매주 화, 오전 10시 | 온라인
mykokkirine@gmail.com

경기 여주
여주 민들레학교

경기 의정부
매월 마지막 월 | 꿈틀자유학교
카카오ID ggumtle-free

경기 이천
매월 셋째 목, 오후 7시
우리의놀이터

경기 파주 (새로 생긴 모임)
격월, 파주자유학교 (9월 12일 첫모임)
pajufreeschool@gmail.com

경기 평택
매주 수, 오전 10시 | 강당골사랑방
leyna99@naver.com

경남 거제 (우리이야기)
매월 둘째 목, 오전 10시 반
카카오ID sunkey83

경남 남해 (상주면)
매주 금, 오전 10시 반 | 상주랑
kongju02@naver.com

경남 산청
매월 셋째 일, 오후 3시
청소년 자치공간 명왕성

경남 합천

매월 마지막 금, 오후 2시 | 토기장이의
집 | 카카오ID pmiyoung36

경북 경주 ①

월 1회, 오후 7시 반 | 새각단농원
as-1127@hanmail.net

경북 경주 ②

월 1회 | 모두누림 경주교육
사회적협동조합 | 불국사 아랫마을
littlemgzine@naver.com

경북 상주

매월 넷째 월, 오전 10시 반
윤찻집 | 상주 참교육학부모회
카카오ID anasts11

경북 영주

매월 셋째 목, 오후 6시 반
카카오ID mitzvah

경북 포항

격주 화, 오전 10시
카카오ID yulim1303

광주광역시 남구(새로 생긴 모임)

매월 첫번째 목, 오후 7시
스타벅스 광주효천점
카카오ID pillowoo

대구 달성군

매월 첫째 금, 오후 7시
놀삶 마을메이커 스페이스

imagekjs@gmail.com

대구 수성구

매월 둘째 수, 오전 10시 반
마마플레이트

대전 (탄방동)

매월 둘째 화 오후 6시,
둘째 금 오전 11시 | 풀잎대안학교

대전 유성구 (신성동)

매월 둘째 금, 오후 8시
bboniya@naver.com

부산 사하구

매월 셋째 토, 오전 10시
행복한동행 작은도서관

부산 중구

매월 첫째 목, 오후 8시 반
글마루작은도서관

서울 강서구

매월 첫째 토, 오후 3시
개화동 | 카카오ID pulssi

서울 광진구

매월 첫째 셋째 금, 오후 9시
온라인 | aunju74@gmail.com

서울 노원구

3~11월 마지막 목, 오전 10시 반
공릉청소년문화정보센터
카카오ID dahy0610

서울 성북구 ①

매월 셋째 토 | 성북마더센터 맘콩카페

moon.eunjeong@gmail.com

서울 성북구 ②

매월 셋째 금, 오후 7시

석관동미리내도서관

서울 중랑구

매월 둘째 수, 오후 7시 반

중랑 마을넷 사무실

카카오ID watchmanii

울산

월 2회 | 온라인(비정기 대면

모임 병행) | 참교육학부모회

카카오ID esperanto81

울산 동구

매주 목, 오전 10시

더불어숲작은도서관

카카오ID earthing2050

울산 북구

매월 둘째, 넷째 월, 오전 10시 반

한살림 매곡매장

1126suk@gmail.com

울산 울주

매주 월, 오전 10시

삼동초등학교 학부모실

frog4033@hanmail.net

인천 서구

월 1회 | 검단 신도시 근처

카카오ID blackleelove

인천 남동구 (장수동)

매월 첫째 수, 오후 7시 반

열음학교 | 카카오ID shinejka

전남 순천

매월 셋째 금, 오후 7시 | 학교너머

카카오ID samter97

전남 화순

매월 셋째 화, 오전 10시

이서커뮤니티센터

전북 정읍

매주 금, 오전 10시

참교육학부모회 정읍지회

카카오ID samter97

제주 애월

매월 둘째 금, 오전 10시 | 보배책방

카카오ID starwind98

제주 북부

월 1회 오전 10시 | 삼화지구 혹은

조천 | 카카오ID rest4u0320

충남 서천

매주 수, 오후 7시 | 책방, 눈 맞추다

overdye0714@gmail.com

충북 충주

월 1회 | 한살림 호암매장 2층

카카오ID yoonh-1

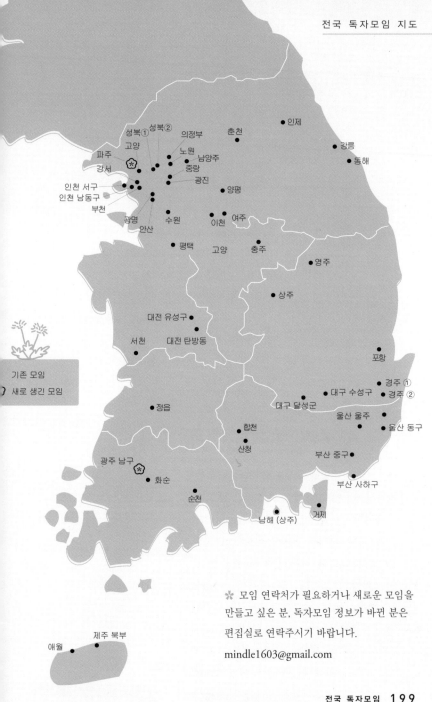

인제

춘천

강릉

동해

성북① 성북②
의정부
고양
노원 남양주
파주
강서 중랑
광진
인천 서구 양평
인천 남동구
부천
광명 수원 이천 여주
안산

평택 고양 충주

영주

상주

대전 유성구

서천 대전 탄방동

포항

경주①
대구 수성구 경주②
대구 달성군
울산 울주
정읍
울산 동구
합천
산청
부산 중구

광주 남구
화순
부산 사하구
순천

남해 (상주) 거제

기존 모임
새로 생긴 모임

제주 북부
애월

✻ 모임 연락처가 필요하거나 새로운 모임을
만들고 싶은 분, 독자모임 정보가 바뀐 분은
편집실로 연락주시기 바랍니다.

mindle1603@gmail.com

아이들의 성장을 돕는 어른의 역할은 무엇일까

'어른아이'를 만드는 사회

'어른아이'를 만드는 사회

먹고살기 힘든 사회에서는 부모가 아이의 성장통을 지켜볼 여유가 없다. 덕분에 아이는 어른의 눈 밖에서 자란다. 그런 사회에서 아이들은 빨리 어른이 된다. 좋은 일만은 아니다. 아이다운 시절을 제대로 누리지 못하고 '애어른'이 되기도 한다. 반면, 아이의 일거수일투족을 지켜보는 부모 밑에서는 아이가 제대로 성장하지 못하고 '어른아이'가 된다. 한 나라의 흥망성쇠는 '어른 같은 아이들'의 시대에서 '아이 같은 어른'들의 시대로 한 사이클을 이루며 쇠락하는지도 모른다.

_'어른이 된다는 것' 가운데

문미희 외 씀 | 176쪽 | 값 12,000원

민들레   www.mindle.org

교육공동체 나다

주말 인문학 강좌 '휴머니잼'

인문학은 청소년을 비롯한 약자들에게 부조리한 세상에
질문하는 힘을 길러주는 실천적 도구가 되어야 합니다.

교육공동체 나다의 주말 인문학 강좌 휴머니잼은 단순한
교양을 넘어 그 부조리한 힘의 정체에 다가가고, 거기에
맞설 힘을 함께 만드는 시간입니다. 그리고 이 과정을 통해
강제가 아닌 내 삶을 주체적으로 끌고 나갈 수 있는
조금은 특별한 "재미"도 발견할 수 있을 것입니다.

정원 모둠별 10명 **신청** 02-324-0148, QR코드
장소 동네책방 개똥이네 책놀이터 (망원역, 마포구청역)
※온라인 강좌는 zoom으로 진행됩니다
강좌후원금 20만원(초·중등) / 10만원(고등) [회원20% 할인]
※강좌후원금 납부 예외를 원하시면 상의해 주세요

초등 역사 **피터 히스토리아 : 영웅이 아닌 한 소년의 역사 이야기** (10강)
★ 불멸의 소년과 떠나는 역사 시간여행
참가자 12~13세 **일시** 9월 1일~11월 24일
오프라인 / 온라인 일요일 오전 10시 30분~오후 12시 30분

중등 대중문화 **밈, 우리가 즐기는 모든 것** (10강)
★ 밈의 파도에 휩쓸린 대중문화 분석하기
참가자 14~16세 **일시** 9월 1일~11월 24일
오프라인 / 온라인 일요일 오후 1시~3시

고등 문화 **금기를 넘어서** (5강)
★ 금기에 압도되어 살아가는 당신을 위한 인문학적 고민들
참가자 17~19세 **일시** 9월 1일~ 10월 6일
오프라인 일요일 오후 3시 30분~5시 30분

강좌 소개·신청

건강한 관계를 가꿈으로써
교실은 자유롭고 즐거운 배움의 공간이 될 수 있고,
피해 회복을 중심으로 갈등을 해결할 수 있습니다.

회복적 교육과 그 방법론인 서클Circle, 갈등 조정
회복적 정의의 패러다임으로 만드는 회복적 학교

회복되는 교실

회복적 질문과 서클로 만들어 가는
관계 중심 생활교육

김훈태 씀 | 16,000원

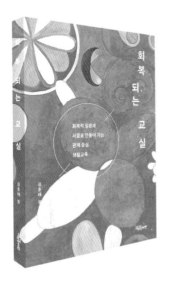

"대화는 마음과 마음을 이을 수 있는 아주 좋은 방법입니다.
이때의 대화는 일방적인 말하기나 일방적인 듣기가 아닙
니다. 마음을 알아주는 공감의 대화는 상처받은 자아를 치
유하고, 무너진 관계를 회복시켜 줍니다. 인간의 존엄을 바탕
으로 하는 존중과 책임의 대화법, 관계를 회복하는 대화모임
이 우리에게는 절실히 필요합니다. 아무리 고통스러운 현실
이더라도 우리에겐 그것을 이겨 낼 힘이 있습니다. 이른바 회
복탄력성 또는 회복력Resilience입니다. 서클은 우리 내면에 잠
재된 회복력을 키워 줍니다. 속마음을 솔직히 표현해도 공격
받지 않는, 안전한 공간에서 우리는 회복적 문화를 만들어
갈 수 있습니다."

〈들어가며〉 가운데

(03971) 서울시 마포구 성미산로1길 30 2층 | 전화 02-332-0712 | 전송 0505-1150-712   교육공동체벗

〈아틀라스 ATLAS〉 시리즈 한국어판

하인리히 뵐 재단의 생태적이고 지속가능한
사회 전환을 위한 지구환경보고서
지리, 역사, 사회, 경제, 과학, 문화를 아우르는
글과 정보로 담은 핵심판

*주제별 국내 전문가 감수, 한국의 현실을 담은 한국어판 특별 지면 수록

■ 작은 것이 아름답다가 펴낸 지구를 살리는 지도

8권〈교통아틀라스〉 *출간 예정

7권〈농식품아틀라스〉
농식품 산업에 대한 데이터와 사실들

6권〈농업아틀라스〉
유럽의 농업에 대한 데이터와 사실들

5권〈농약아틀라스〉 농업에 사용하는
독성화학물질에 대한 데이터와 사실들

4권〈에너지아틀라스〉
유럽 재생에너지에 대한 데이터와 사실들

3권〈플라스틱아틀라스 아시아판〉
고분자 합성화학물질에 대한 데이터와 사실들

2권〈플라스틱아틀라스 세계판〉 플라스틱으로
가득 찬 세계에 대한 데이터와 사실들

1권〈석탄아틀라스〉 *품절

판형 210×297mm │ 52~60쪽 │ 4도 색채
낱권 15,000원

작은것이 아름답다가 펴내는 새 책

전국 서점에서 판매합니다

봄벌을 깨우며
글 그림 송명규

모든 것을 이어주는 자연에서 삶을 산다는 것
《모래 군의 열두 달》을 한국에 소개한
송명규 교수의 생태수필
248쪽 4도 색채 값 18,000원

때를 알다 해를 살다 개정판
유종반 지음

생명살이를 위한 24절기 인문학
환경운동가이자 생태교육자가 풀어낸
절기의 삶의 사용설명서
278쪽 값 16,000원

작은것이 아름답다   www.jaga.or.kr / 02-744-9074

인구 감소 시대의 교육
_계간《민들레》2024년 여름호

인구, 그 속의 사람을 생각하며

기후위기, 인구소멸위기 같은 말들이 난무하는
이 시대에도 아이들은 무럭무럭 자라고
있습니다. 지난 10년 사이 출생아 수가 반으로
줄었다지만 여전히 한 해 20만 명이 넘는
아이들이 태어나고 있지요.
이 책에서 나누고 싶은 건 '인구'가 아니라
'사람'에 대한 이야기입니다. 많은 이들이
'문제'라 말하는 이 '현상'을 교육적 관점으로
꿰어 우리 삶과 연결하는 통로를 찾아보고자
합니다.

'저출산'은 '고령화' 같은 말과 짝지어 다니면서
우리 마음을 더 무겁게 하지만, 천문학적인
예산을 쏟아붓고도 회복되지 않는 이 현상의
해답은 '오늘의 아이들을 잘 키우는 것'에
있을지 모릅니다. 출산율 감소는 아직 아이를
낳지 않은 사람들이 이미 태어나 자라고 있는
아이들과 그들이 살아갈 사회를 보고 내린
결정이니까요.
그러니 출산율에 연연하기보다 이 아이들이
어떤 세상을 살아갈지, 우리가 바꾸어야 할
것은 무엇인지부터 살펴야겠습니다. 그리고
이 급격한 변화에 어떻게 '적응'할지도 함께
고민해보면 좋겠습니다.

학령인구 감소로 달라지고 있는 교육의
현실을 짚고, 변화를 전망해봅니다. 결혼을
넘어선 대안적 가족 제도, 최근 개정된
독일의 이민 정책 등 사회 변화에
필요한 이야기도 담았습니다.

2024년 여름호 주요 내용

왜 작은 학교는 더 작아지고 큰 학교는 더 커질까
다둥이를 바라보는 시선, 애국과 민폐 사이
저출산은 문제가 아니라 현상이다
지방소멸 위기론에 대한 몇 가지 문제 제기
저출산 위기 담론이 말하지 않는 것
'이런' 세상에서 아이를 낳고 기른다는 것
100세 시대, 관계의 재구성

정기구독 신청

낱권 16,500원
일 년 구독료 66,000원

2024년부터 발행 주기가
격월간에서 계간으로 바뀌었습니다.

단체로 신청하시면 구독료를
10% 할인해 드립니다.

민들레 02) 322-1603 | mindle.org
mindle1603@gmail.com